⅄ 2018.12 南海实验高中教师赴武汉参加白板同课异构活动

⅄ 2019.12 南海实验初中教师赴河南参加新媒体、新技术课堂应用同课异构研讨活动

⅄ 2019.5 南海实验小学教师赴广州参加信息化教学跨省交流研讨会

⅄ 2018.11 体设备

⅄ 南海实验学校第三届教育教学成果展

⅄ 南海实验学校文集

⮝ 南海实验初中创客空间

⮝ 南海实验学校 AI 智能工坊

⮝ 南海实验学校精工坊

⮝ 南海实验学校电子工坊

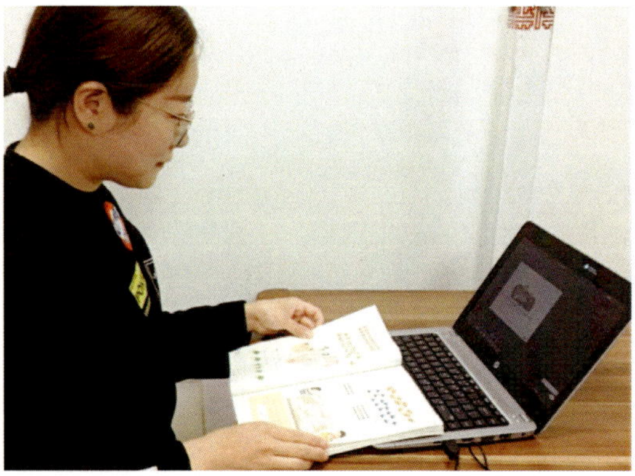

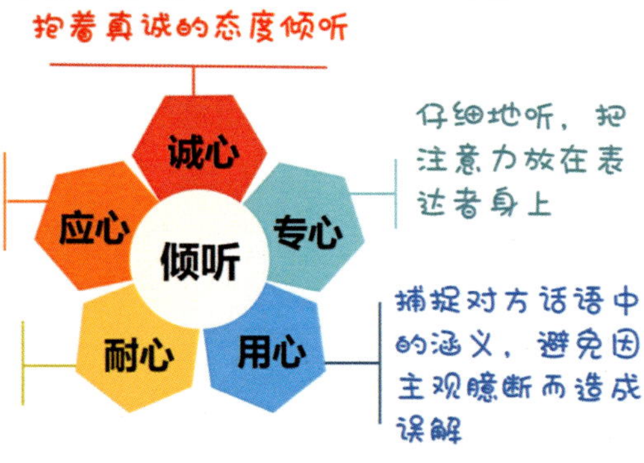

⮝ 新冠肺炎疫情防控期间“停课不停学”空中课堂

南海实验信息化教学案例集

南海实验学校◎编著

電子工業出版社
Publishing House of Electronics Industry
北京 • BEIJING

图书在版编目（CIP）数据

南海实验信息化教学案例集 / 南海实验学校编著 . — 北京：电子工业出版社，2020.4
ISBN 978-7-121-38830-9

Ⅰ. ①南… Ⅱ . ①南… Ⅲ . ①计算机辅助教学－教学研究 Ⅳ . ① G434

中国版本图书馆 CIP 数据核字（2020）第 047396 号

责任编辑：张贵芹　文字编辑：仝赛赛
印　　刷：北京虎彩文化传播有限公司
装　　订：北京虎彩文化传播有限公司
出版发行：电子工业出版社
　　　　　北京市海淀区万寿路 173 信箱　　邮编：100036
开　　本：787×1092　1/16　　印张：16　　字数：307.2 千字　　彩插：1
版　　次：2020 年 4 月第 1 版
印　　次：2020 年 6 月第 2 次印刷
定　　价：48.00 元

凡所购买电子工业出版社图书有缺损问题，请向购买书店调换。若书店售缺，请与本社发行部联系，联系及邮购电话：（010）88254888，88258888。

质量投诉请发邮件至 zlts@phei.com.cn，盗版侵权举报请发邮件至 dbqq@phei.com.cn。

本书咨询联系方式：（010）88254510，tongss@phei.com.cn。

编委会名单

主　编：徐铁骏

副主编：陆熊、郑晔、李国云

编　委：伍青松、陈霞、黄伟红、许萍、李园园、李书婷、

傅佳元、丁洁琼、颜倩昱、李亚玲、徐飞等

前 言

多媒体白板系统是2010年进入南海实验学校的，自2013年起，开始进行规模化配置。由于各种原因，在起初的几年，多媒体白板系统的应用效果并不令人满意。2017年5月，在李国云老师所带领的团队的指导下，我们启动了为期18个月的“普米白板应用能力提升工程”。这本书里收录的案例，可以看作对第一阶段应用能力培训的阶段性汇报。

在很长一段时间里，我们都能清晰地感受到技术革命给传统课堂教学带来的影响，很多时候它被人们称为一场革命，虽然这场革命是以一种渐进的方式发生的。行动迟缓的原因有很多，长期以来形成的经验主义路径依赖是其中的主要方面。几乎所有人都能认识到现代教育技术应用于课堂内外是一种趋势，但是教育与管理理念相对滞后，技术装备与应用能力不相适应的现象依然给我们带来了极大的困扰。这种情况普遍存在于我们的课堂，在很大程度上影响着课程改革的推进，并成为学校可持续发展的一大瓶颈。

其实真正困扰我们的并不是技术本身，技术应用从来都不会让人觉得遥不可及。困难通常发生在认识之中，当人们意识不到当前的课堂已经不可避免地面临着重构，而技术也许可以带领我们走向一种更好的可能时，教育技术应用过程中的被动和冷漠是必然的。作为一所实验学校，我们清醒地认识到既然改变已经不可避免，那么除了行动，我们别无选择。

这个过程给了我们很多惊喜，而且效果是明显的。“普米白板应用能力提升工程”不仅丰富了教学的手段与方法，改变了我们习以为常的课堂形态，还丰富了教学的内容和途径，促进了相当一批青年教师的快速成长。更重要的是，应用技术的过程，也是学校和教师加深对学习的理解、对教育的理解，转变教育教学理念的过程。也同时推动着智慧课堂建设、学科融合实践，为我们加快“智慧南海”建设创造了更为充分的条件。

技术应用必然改变课堂的形态，技术与学习的深度融合，必将改变学校的生态。

事实上，现代教育技术正越来越深入地走进学校教育，从多媒体白板系统到大数据应用，从线下学习到线上线下混合式学习，从教学到教研，技术在给学校教育带来便利的同时，也在深刻地影响着学校教育的行为逻辑，使我们在走向未来的道路上多了几分自信和从容。

感谢李国云老师和省内外的专家团队，以及近三年来全校同事的努力，也感谢电子工业出版社的编辑，感谢这几年来走进南海与我们互动并给我们指导的同行们。本案例集的出版是一个契机，我们期待这个契机能引导我们继续前行，进而更好地走向行动自觉。

陆熊

2019 年 11 月 于舟山南海实验学校

《南海实验信息化教学案例集》是南海实验学校4个学部、6个校区历时3年时间，通过基础培训、高级培训、校级比赛、区级展示、全国大赛、跨省交流6个阶段的打造、优化，筛选出的最具代表性的信息化教学案例。本案例集覆盖了从幼儿园到高中四个学段的所有学科，可以集中地反映出我国学前教育及基础教育领域信息化与学科深度融合的最佳实践，对广大一线教师来说，是一本有效的工具书和实践手册。

学校简介

南海实验学校位于浙江舟山新城，是舟山市教育局于2001年9月创办的国有民办学校，占地326亩（21.73公顷），建筑面积为10万平方米，共有81个教学班，3390名学生。校园环境优美，教育设施按国内一流标准配置，拥有1.5万平方米的中心艺术广场，8万平方米的校园绿化带及教学楼、实验楼、图书馆、艺术馆、体育馆、游泳馆、大型会议中心、电视台、海洋人文馆、校史馆等现代化设施。2009年，学校由国有民办转制为公立学校。从2017年起，学校迈入集团化办学模式，多学段、多校区、多法人共存。自办学以来，学校规模逐年扩大，至2018年，学校扩展为3个校区，有高中、初中、小学、幼儿园4个学部，并统辖舟山第三小学（南海长峙校区）和舟山第五小学（南海浙大校区），共有128个教学班，6000余名学生，是舟山市规模最大的现代化学校。2019年9月，学校统辖的第三个校区——舟山第二初级中学顺利开学。

学校以“修身强学、弘毅致远”为校训，围绕“打造现代学校”的办学目标和“高水平学习、高品质生活、高境界做人”的学生培养目标，致力于建设“法治南海”“美丽南海”“品牌南海”“智慧南海”，打造优秀教师团队，积极推进开放办学，有效推进专业化思考与实践，持续深化课程建设，创新学校管理体制机制，大力提升教育质量，加强校园优秀文化建设，教育教学质量在舟山市中小学校中遥遥领先，在浙江省内也具有一定的知名度。

办学以来，学校坚持科学地协调速度与品位、质量与效益、发展与长远发展的关系，致力于“做专业、做文化、做特色”，始终坚持走内涵发展之路，各项工作均取得了令人瞩目的成绩，学校的公共影响力、核心竞争力和社会美誉度得到大力提升。中考、高考上线率均在全市名列前茅，学生竞赛、创优、教师教科研等也一直位于全市前列。学校连续十多年被评为舟山市教育系统考核优秀学校，获得首批国家级语言文字规范化示范学校、全国科技教育优秀创新学校、全国未成年人思想道德建设工作先进单位、全国生态文明教育示范学校、“中国 STEM 教育 2029 行动计划”首批领航学校、中国少年儿童平安行动示范学校、浙江省五一劳动奖状、浙江省文明单位、浙江省中小学美丽校园、浙江省育人先进集体、首批浙江省示范性教师发展建设学校、浙江省少儿阅读基地、浙江省依法治校示范校、浙江省厂务（校务）公开先进单位、浙江省校本教研示范学校、浙江省食品卫生 A 级单位、浙江省综合治安示范单位、浙江省现代教育技术实验学校等国家级、省级荣誉，以及舟山市第一届和第二届社会满意学校等诸多市级荣誉称号，是舟山市唯一的浙江省名师名校长实训基地。

现代互动课堂的六要素

李国云

现代互动课堂在发达国家得到了广泛的推广和应用，在我国也取得了长足的发展。特别是沿海发达地区，不仅在设备普及方面发展迅速，在现代互动课堂的有效性研究方面也取得了很多成果。现代互动课堂以交互式电子白板为核心教学设备，是我国基础教育信息化的突破口。现代互动课堂克服了传统多媒体教学“预设多，生产少”“演示多，互动少”“媒体多，资源少”的困难，构建了一种“以学生为中心，以互动、分享为核心”的21世纪教与学的全新环境。

我国以交互式电子白板为载体的现代互动课堂的建设源于2004年1月普罗米休斯公司和中国政府合作实施的中英项目。经过近15年的发展，在政府、企业、科研院所、学校的共同参与和努力下，国内涌现出一批以现代互动课堂为教学特色的学校，而且现代互动课堂的应用范围也从基础教育向高等教育、学前教育、特殊教育及职业教育领域拓展。随着现代互动课堂应用的不断深入，越来越多的学校和教学研究机构，乃至政府开始关注现代互动课堂的有效性，特别是现代互动课堂在推动教学改革、提升教学绩效方面所起到的重要作用。

基于国内外多年的实践和理论研究，笔者拟从现代互动课堂的六要素来探讨如何构建有效的现代互动课堂。现代互动课堂的六要素包括便于观察、便于聆听、便于交互、便于评估、便于分享和启发思维，如图1所示。

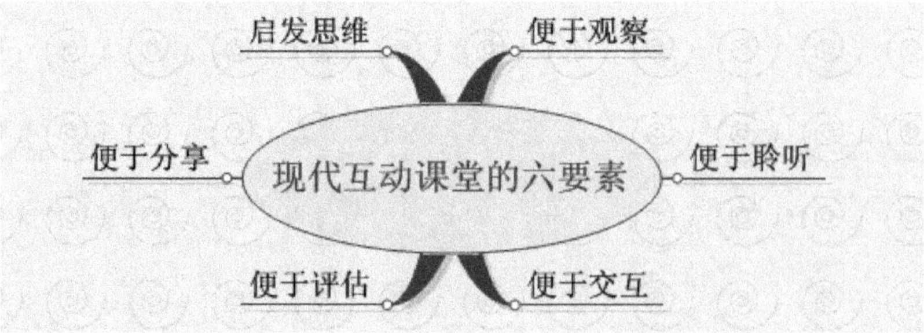

图1

一、便于观察

著名心理学家特瑞赤拉（Treichler）在 1967 年通过大量的心理学实验证实：人类从外界获得的信息中有 83%来自视觉，11%来自听觉，3.5%来自嗅觉，1.5%来自触觉，1%来自味觉。所以，“便于观察”就成了现代互动课堂的第一要素。因为在整个教学过程中，学生的观察如果受到影响，那么整个课堂的有效性根本无法实现。这个问题在我国更为突出，因为我国的班级规模普遍比西方国家大。教师要考虑如何从视觉上让学生更好地对学习内容进行观察和研究。在一页课件上不要超过 3 个知识点，特别是新知识；能用音视频形式来展示的教学内容，就不用图片；能用图片来展示的教学内容，就不用文本；能用简单的文本来描述的教学内容，就不用复杂的文本。教师在上述原则的基础上再综合考虑色彩搭配和背景设置等其他视觉因素。总之，要让坐在最后一排的学生也能清楚地看到所有的教学内容才可以。除此之外，教师还可以充分利用互动教学软件中特有的功能或工具来强化“便于观察”这一要素。

二、便于聆听

上文中提到，人类从外界获得的信息 11%来自听觉，所以，聆听既是一种学习方式，又是提高学习效率的捷径。聆听也是最古老的学习方式之一，而在以交互式电子白板为核心的现代互动课堂中，聆听将变得更加关键。因为随着信息化教学环境的发展，互动教学课件越来越多，教学过程中的“听觉刺激”大量增加，这就要求教师在做教学设计时要重点提高“听觉刺激”的有效性。

笔者通过对北京、上海、杭州及广州的 7 所中小学的近 570 位教师历时一年多的观察发现，在互动教学设计和教学实施中，能够保存学生发言内容的教师不到 10%，能够保存学生操作过程的教师还不到 5%。在教学课件中出现空白页面的情况只占 0.5%。另外，在提交的 300 份教学课件中，包含音频和视频的占比在 90% 以上。由此我们不难看出，教师在大量地使用音视频素材来强化“听觉刺激”，但所有的音视频素材都来自第三方，而非学生或者教师。这大大降低了“听觉刺激”的有效性和趣味性。部分教师在课件中使用了过多的音视频作背景，或使用的音视频素材不恰当，不仅没有达到有效的媒体应用目标，而且还会对学生的学习产生负面影响。

根据笔者对这 7 所学校教师的观察发现，那些在教学课件中巧妙地使用了教师或者学生通过交互式电子白板软件自行录制的音视频素材的课堂，学生的学习兴趣普遍高于使用所谓“标准素材”的课堂。在使用自己录制的音视频素材的课堂上，学生的积极性被充分调动起来。特别是在初高中课堂，当教师回放学生在交互式电子白板上进行板演、搭建模拟实验的过程时，绝大部分学生都表现出了极大的兴趣。

三、便于交互

交互是现代教育理论和认知科学领域公认的最有效的学习方式。“以学生为中心”“基于项目的学习”等都是为了让学生更多地参与到课堂教学中来，以便发挥学生的动手能力和创造能力，通过加强教师和学生、学生和学生、学生与教学内容之间的互动来提升教学效果和教学质量。

笔者基于普罗米休斯公司的互动教学理念，结合对国内外上百所学校的观察结果，建议教师从以下三个方面加强课堂教学的交互性。

1. 教师在教学设计过程中要充分地预留互动空间，即空白的页面。根据笔者多年的培训经验，这是最简单、有效的方法。因为有了空白页面，教师手中的白板笔就可以交给学生，让学生开展互动活动，如学生的“板演”。

2. 教师要从 PPT 模式，即预设与演示模式中解放出来，在课堂上根据学生的具体情况，灵活地开展师生互动、生生互动、教师与教学内容的互动、学生与教学内容的互动、本地教学内容与网络教学内容的互动等，例如，让学生利用交互式电子白板的本地资源和网络资源与教师共同创建一个教学课件。

3. 教师要充分利用互动教学软件中的“互动”功能来强化互动教学过程，因为交互式电子白板之所以能支撑一节互动课堂，就是基于配套的专业互动软件。这不仅可以让学生在课堂上和教师互动，还可以让学生在课前或者课后做更加充分的准备，让整个教学过程中的互动环节真正成为解决问题、探索新知的过程，而不是为了互动操作而进行的无效互动。

四、便于评估

学校在建设或者推广现代互动课堂的过程中，设定的最终目标是“建设有效的现代互动课堂”，也就是通过建设和推广现代互动课堂，提升教学效果，改进教学模式，从而实现以学生为中心的个性化教学的目标。而教学评估和反馈，特别是教学过程中实时的、个性化的、具体的教学评估和反馈将是实现这一目标的关键。形成性评价是一种在国外得到广泛采用并在教学过程中较为普及的教学评价模式。由于我国的班级规模、教学体制以及相关技术和设备的限制，目前形成性评价模式在国内中小学还没有得到有效的实施。互动教学反馈设备应用于现代互动课堂，为国内教师克服班级规模和教学体制的限制，和国外的教师一样开展有效的形成性评价奠定了坚实的物质基础。互动教学反馈设备的工作原理如图 2 所示。

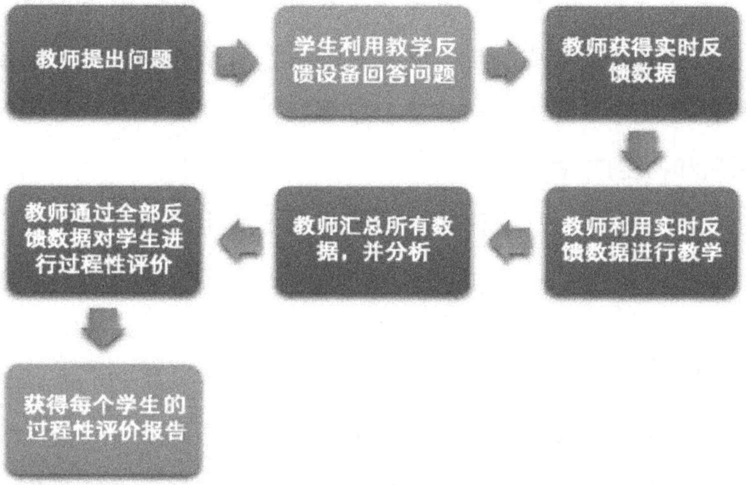

图 2

1. 教师通过交互式电子白板或者利用已有的试卷直接提出问题；

2. 学生通过教学反馈设备来回答问题；

3. 教师通过交互式电子白板获得所有学生的反馈信息；

4. 教师从不同的维度分析反馈数据，并根据反馈数据调整教学内容；

5. 教师在一节课结束后汇总所有的反馈数据，并根据反馈数据调整下节课的教学内容和教学重点；

6. 教师对一个月、一个学期，或者一个学年的反馈数据进行汇总；

7. 学校根据教师汇总的全部信息，形成学生的过程性评价报告。

五、便于分享

我们可以从三个方面解释现代互动课堂的分享是什么。第一，通过交互式电子白板，在教学过程中对观点进行可视化的表达，从而让全体师生可以分享这一过程；

第二，教师和学生可以方便地开展课上和课下的分享，因为学生也可以利用学生版的互动教学软件来完成课前、课后的教学内容；第三，利用互联网进行全球互动教学资源和教学经验的分享。

那么教师在教学设计过程中就要充分考虑课件及资源的“分享”特征，从而让互动教学资源最大限度地得到重复利用。教师经常为没有教学资源感到困惑（这里指的是有效的互动教学资源）。因为教师发现，无论是光盘上的还是网上下载的资源（大部分是 PPT 课件），里面的教学设计让人看不懂。教师最多是借用这个模板，或者从里面提取一部分文本或图片。而有效的现代互动课堂，更多的是分享教师们的教学设计和针对具体教学内容的教学思路和经验，从而让其他教师看得懂，并且方便地重复利用和再生成教学资源。

教师可以利用一些专业的互动教学社区或者资源平台分享互动教学经验和教学课件，从而快速地搭建互联、互动的教学环境。

六、启发思维

现在我们来讨论一下构建现代互动课堂的最后一个要素——启发思维。虽然是最后一个要素，却是整个现代互动课堂的终极目标。因为我们建设现代互动课堂的目的就是提升教学效果，改进教学模式，提高学生的学习效果。正如北京师范大学陈丽教授所强调的：有效学习是建立在激发了学生学习兴趣，特别是启发了学生高级思维活动的基础上的学习活动。所以，要实现现代互动课堂的有效性，首先要从激发学生的学习兴趣入手，并在此基础上启发学生的高级思维活动。

总而言之，笔者通过对国内外学校的观察，结合自身十多年的一线培训和实践经验，认为构建有效的互动课堂，不仅需要一线教师强化互动教学设计、避免华而不实的课堂互动活动、优化互动课堂中的互动教学活动、充分分享互动教学的资源与经验，还需要学校加强教师长期培训计划的制订、增进教学管理人员对互动教学的理解与掌握、培养实施互动教学的骨干教师队伍。教育科研院所要加强对互动教学领域的基础研究，特别是绩效性研究，择机开设有关互动教学的课程或者专业。教育主管部门要改变目前存在的“采购与应用两条线”的局面，加大对相关标准的研究与制定。

目 录

学前篇

雪地里的小画家

一、基本信息

课程名：雪地里的小画家

年级：小班

教材版本：浙教版

授课教师：张瑜洁

二、教学目标

1. 知识与技能

了解小鸡、小鸭、小狗、小马的脚印的基本特征。

2. 过程与方法

在将脚印与画进行配对的过程中，学说句子“×× 画 ××”。

3. 情感、态度与价值观

提高幼儿参与游戏的积极性，引导幼儿体会探究和动手操作的乐趣。

三、教学重难点及突破措施

1. 教学重点

教学重点是让幼儿辨别小鸡、小鸭、小狗、小马四种动物的脚印的形状。为突破这一教学重点，教师使用交互式电子白板（在本书后面的内容中，全部简称为白板）中的“音效”功能，让幼儿倾听这四种动物的叫声，并使用白板中的“形状”“动画”“蒙层”等功能，让幼儿辨别这四种动物脚印的形状。

2. 教学难点

教学难点是学说儿歌，尝试创编儿歌。为突破这一教学难点，教师使用白板中的“知识配对”“超级竞赛”功能，让幼儿学说儿歌，创编儿歌。

四、学情分析

《幼儿园教育指导纲要（试行）》中指出：发展幼儿语言的关键是创设一个使幼儿想说、敢说、喜欢说、有机会说，并能得到积极应答的环境。因此，教师设计了这节课，让幼儿通过动画欣赏冬天的雪景，感受冬季的美丽，通过儿歌增进热爱自然、亲近自然的情感。

五、教学过程

1. 创设情境

环节目标：渲染课堂气氛，激发幼儿的学习兴趣。

教师活动：使用课件出示下雪的动画，创设下雪的情境。请幼儿思考天空中飘的是什么，都有谁来到了雪地里，它们留下了什么。

学生活动：欣赏雪景，观察雪地上出现的动物脚印，说出动物的名称。

技术应用：使用白板中的“音效”和“动画”功能，引出小鸡、小鸭、小狗、小马这四种动物（见图 1）。

图 1

教学小提示：播放动画时，音效与画面相匹配，更能吸引幼儿的注意力。

2. 学唱儿歌，脚印配对

环节目标：观察小鸡、小鸭、小狗、小马这四种动物脚印的特征。

教师活动：分别出示四种动物的脚印，提出问题，“脚印的形状像什么”，引导幼儿自主观察其特征。

学生活动：观察脚印的形状，阐述自己的想法，学习用儿歌中的语言回答教师提出的问题。

技术应用：使用白板中的“动画”功能，调动幼儿的积极性；使用白板中的“蒙层”功能，让幼儿了解以上四种动物的脚印像什么（见图 2）；使用白板中的“配对”功能，让幼儿巩固对脚印的特征的认识。

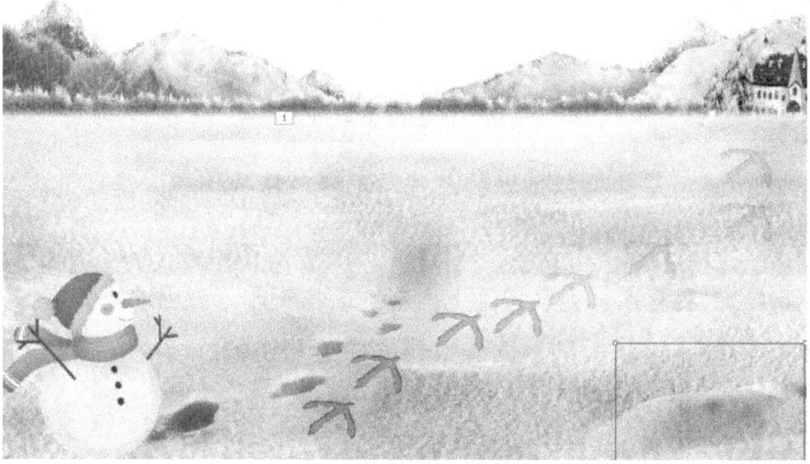

图 2

教学反思：在传统课堂上，这一环节幼儿的自主性普遍较弱，学习热情不高。在利用白板教学时，枯燥的图形变得形象且生动，让幼儿有了身临其境的感觉，从而提高了课堂效率。

3. 学说儿歌

环节目标：巩固对动物脚印特征的认识。

教师活动：组织闯关游戏，让幼儿在游戏中学唱儿歌。

学生活动：边闯关，边学唱儿歌。

技术应用：使用白板中的“分组竞赛”和“超级分类”功能，帮助幼儿学唱儿歌（见图 3）。

图 3

教学反思：运用白板中的“超级分类”和“分组竞赛”功能，让课堂更加活跃，有别于传统教学中教师单方面传授知识的模式。

教学小提示：游戏时，如果是多名幼儿一起上台操作，需提醒幼儿只能用一只手触碰大屏幕，不能双手触碰。

六、教学技术应用及融合

教学流程	教学环节	技术应用
导入新课	创设情境	动画、音效
课堂活动	学唱儿歌，脚印配对	动画、蒙层、配对
知识巩固	学说儿歌	分组竞赛、超级分类

兔子先生开花店

一、基本信息

课程名：兔子先生开花店

年级：小班

教材版本：部编版

授课教师：李慧慧

二、教学目标

1. 知识与技能

了解 5 以内的数与量，能够手口一致地点数。

2. 过程与方法

在按点数插花和给花儿找朋友的过程中，掌握按数字取相应数量的物体的方法。

3. 情感、态度与价值观

了解并遵守游戏规则，增强合作意识。

三、教学重难点及突破措施

1. 教学重点

教学重点是按点数插花。为突破这一教学重点，教师使用白板中的“蒙层”功能，让幼儿进行充分的探究，动手数花盆上的点。利用“拖动”功能，让幼儿选取相应数量的花，使幼儿明确插花的任务和要求，为下一步操作实物奠定基础。

2. 教学难点

教学难点是按数字找朋友。将花盆上的点替换为抽象的数字，让幼儿根据数字寻找相应的伙伴，并和伙伴抱成团，以争取游戏的胜利。为突破这一教学难点，教师可以动态地出示游戏规则和流程，并在白板上呈现数字等教学支架，帮助幼儿更好地完成任务。

四、学情分析

“能手口一致地点数 5 个以内的物体，并能说出总数，按数取物”，这是小班幼儿（3 ～ 4 岁）数学认知要求的一项重要内容，也是帮助幼儿进一步“感知和理解数、量及数量关系”的一个重要途径。

小班幼儿在日常生活中经常接触数、量，能够在成人的引领下进行点数活动。然而手口一致对他们来说有一定的难度，尤其是在“说出总数”这一环节，个别幼儿容易出错。本节课结合小班幼儿的年龄特征，通过创设“兔子先生开花店”这一情境，以“插花”“花儿找朋友”等游戏，让幼儿在游戏中进一步感知 5 以内的数，体验数学游戏的快乐。

五、教学过程

1. 创设情境

环节目标：渲染课堂气氛，激发幼儿的学习兴趣。

教师活动：出示兔子先生的图片（见图 1），通过动画讲述“兔子先生开花店”的故事，向幼儿说明，“兔子先生每天都需要插花、送花，非常辛苦”，希望幼儿能够帮助它，以此激发幼儿的兴趣。

图 1

学生活动：通过观看图片和动画，了解兔子先生的工作内容。

技术应用：使用白板中的“去背景”和“动画”功能，为静态图片添加动态效果。

教学反思：小兔子和花店的出现，激发了幼儿的学习兴趣，帮助幼儿更快地进入活动情境。

教学小提示：课前需要对所有的图片进行“去背景”处理，前期制作完成后需及时保存，并事先演示一遍，以防在课堂操作时出现问题。

2. 按点数插花

环节目标：能够根据花瓶上的点数，插相应数量的花。

教师活动：介绍兔子先生的任务——把卡车上的花插到花瓶里。让幼儿先在白板上进行操作，再利用学具进行实物操作，之后教师进行总结。

学生活动：在白板上从卡车里取相应数量的花，插到花瓶里（见图 2）。了解操作方法后，从桌面上选取两个花瓶，按照花瓶上的点数插花，插好后放到相应位置的花架上。

图 2

技术应用：根据教学需要，对花瓶上的点进行“蒙层”处理，让幼儿了解重点；对卡车上所有的花进行“去背景”处理，便于幼儿拖动；使用白板中的“绘图”工具，对花朵进行“动态”处理；使用白板中的“放大镜”工具，对点数与花瓶的配对情况进行评价。

教学反思：这一环节主要培养幼儿的点数能力。让幼儿先在白板上操作，再动手操作，既能让每个幼儿有操作的机会，又能够清楚地了解每个幼儿的发展水平，使教学更灵活，同时突出“趣味性”。

教学小提示：卡车上的花朵较多，需要采取分层的方式进行处理；在活动前需要将卡车、花瓶上的图片锁定，防止幼儿在拖动花朵时被无关项干扰。总结时使用“放大镜”工具，并采用关灯模式，同时拖动放大镜边框，直到能够同时显示出花瓶和花为止。

3. 花儿找朋友

环节目标：进一步理解 5 以内数的组成。

教师活动：出示图片，展示游戏任务，逐步明确游戏规则（见图 3）。

图 3

学生活动：观察屏幕上的游戏规则，知道要根据骰子上的数字判断抱成团的人数。音乐响起后，先自由走动，然后根据白板上的骰子显示的数字，寻找相应人数的小朋友，抱成团。

技术应用：在介绍游戏规则的环节，教师依次点击课件，出示图片，帮助幼儿了解游戏规则；在游戏过程中，教师将骰子上的随机数字出示在白板上，让幼儿在游戏的过程中能够清楚地知道自己要和几个小朋友抱成团；每个数字都与“出现及消失”按钮进行了链接，以实现骰子数字的随机性。

教学反思：游戏规则的逐步呈现，能够帮助幼儿明确自己的任务，同时提高幼儿的读图能力。在白板上呈现随机数字，解决了实物骰子上数字容易被混淆或者幼儿看不清、记不住的问题。此外，图片、音频、动画等效果，增加了课堂活动的趣味性，让幼儿更加认真地投入到游戏中。

4. 互动游戏

环节目标：进一步提升幼儿快速点数的能力。

教师活动：出示题卡，请幼儿根据题卡上的数字寻找装有相应数量花朵的花盆。

学生活动：两个幼儿为一组进行比赛，分别在白板两侧点击花盆，谁找到的花盆多，谁就获胜。

技术应用：使用白板中的“分组竞赛”功能，将原有图片替换为插有不同数量花朵的花盆，让幼儿根据预设内容，点击花盆。

教学反思：白板中的“分组竞赛”功能让课堂变得有趣、紧张、刺激，极大地激发了幼儿的活动兴趣，将活动推向高潮，这是传统课堂所不能达到的效果，也是现代信息技术与课堂的有效融合。考虑到教学环节的紧凑性，该游戏分两次进行，第一次让前一环节输掉的两位幼儿参加，进一步巩固他们的点数能力，也弥补了幼儿上一环节游戏失败的遗憾；第二次让本次课堂中表现积极的幼儿参加，作为对他们的奖励。

教学小提示：将装有不同数量花朵的花盆作为图片，事先保存在资源库中，以便在课堂上直接替换、使用。

六、教学技术应用及融合

教学流程	教学环节	技术应用
导入新课	创设情境	去背景、动画
课堂活动	按点数插花	蒙层、去背景、放大镜、绘图
	花儿找朋友	超链接
知识巩固	互动游戏	分组竞赛

有趣的图形

一、基本信息

课程名： 有趣的图形

年级： 小班

教材版本： 部编版

授课教师： 韩欣洢

二、教学目标

1. 知识与技能

认识圆形、三角形和四边形。

2. 过程与方法

在感知图形的过程中，学会根据物体的形状进行分类。

3. 情感、态度与价值观

能愉快地参与课堂活动，体验图形游戏带来的快乐。

三、教学重难点及突破措施

1. 教学重点

教学重点是了解三角形、圆形、四边形这三种图形的特征。为突破这一教学重点，教师可以结合白板中的“形状”和“动画”功能，将三种图形的特征清晰地展现出来。并使用白板中的“语音”功能，使幼儿加深对这三种图形的印象。

2. 教学难点

教学难点是按照物体的形状进行分类。为突破这一教学难点，教师使用白板中的“超级分类”功能，让幼儿知道，不同的物体有不同的形状，并引导幼儿根据形状对物体进行分类。

四、学情分析

根据小班幼儿的特点，本节课利用白板的多种功能，让幼儿在游戏中轻轻松松地认识图形，真正地体会到数学的有趣，在玩中学，在动中学，在实践过程中有效培养各种能力。

五、教学过程

1. 创设情境

环节目标：渲染课堂气氛，调动幼儿的积极性。

教师活动：出示三种图形（见图 1），请幼儿认一认、说一说。

图 1

学生活动：观察屏幕上的图形宝宝，并说出图形宝宝的名称。

技术应用：使用白板中的“动画”功能；在展示飞船时，使用白板中的“音效”功能。

教学反思：在这一环节，通过动画巧妙地引出本节课的三位主人公，激发了幼儿的学习兴趣，为后续的活动打下基础。

教学小提示：播放动画时，要将音效和画面相匹配，在图形宝宝出现时，点击画面中的宇宙飞船，以实现图形宝宝从飞船上下来的效果，吸引幼儿的注意力。

2. 图形宝宝的特征

环节目标：认识三种图形的特征。

教师活动：分别出示三种图形，接着提出问题，“每个图形宝宝各有什么特征”，引导幼儿自主观察图形宝宝，并试着说出其特征（见图 2）。

图 2

学生活动：观察图形宝宝，说出图形宝宝的特征。再结合教师播放的课件和图形宝宝自我介绍的音频，感知每个图形宝宝的特征。

技术应用：使用白板中的“形状”和“动画”功能，让幼儿清晰地看到每个图形宝宝的特征。

教学反思：使用白板，可以将不同图形的不同特征更生动地展现出来，还可以通过播放音频，让幼儿有身临其境的感觉。

教学小提示：在幼儿说出图形的特征后，教师可以在讲台上操作，让幼儿边数、边看，加深印象。如幼儿说不出图形特征，可以用语音作为提示，播放给幼儿听。

3. 图形宝宝大闯关

环节目标：知道大小、颜色、形状不一样的图形也属于同一种图形宝宝，并能按图形的形状进行分类。

教师活动：出示游戏的第一关——给小朋友喂食物。通过提问，让幼儿自主观察，寻找规律，并让幼儿将食物放入对应小朋友的嘴巴里（见图 3）。出示游戏的第二关——图形宝宝要回家。通过提问，让幼儿将不同的图形宝宝分类（见图 4）。出示游戏的最后一关——图形宝宝找朋友。让每个幼儿拿一种图形，教师点击屏幕，屏幕中出现哪个图形，就请拿着相应图形的幼儿上台，等到图形消失，再请幼儿回到座位（见图 5）。

图 3

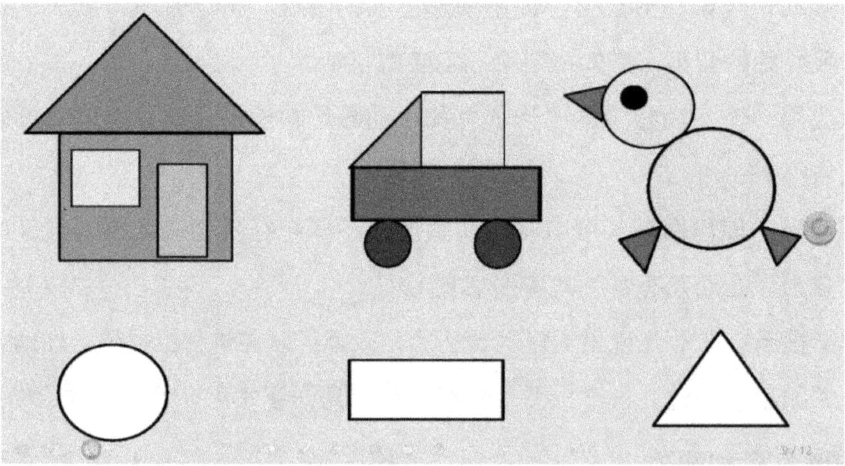

图 4

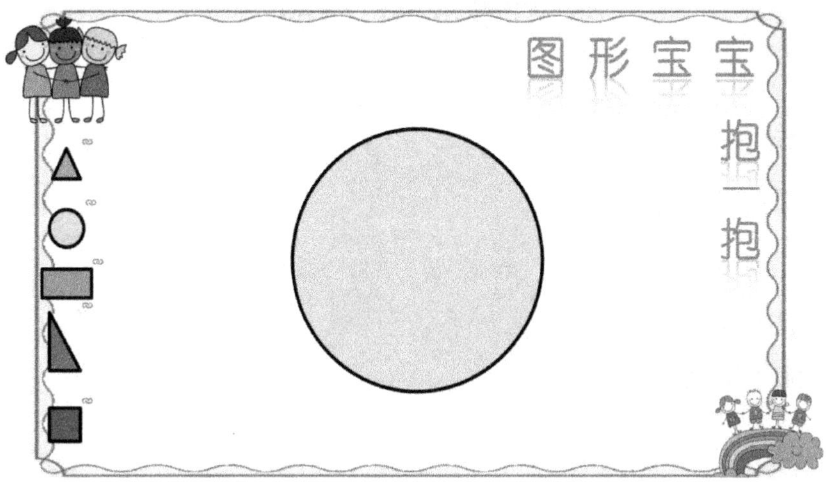

图 5

学生活动：在游戏的第一关，观察屏幕上小朋友嘴巴的形状，用拖曳的方式将相应形状的食物送到小朋友的嘴里。在游戏的第二关，找到不同形状、大小、颜色的图形宝宝，并用拖曳的方式将它们送回家。在游戏的第三关，每个幼儿拿一个图形宝宝，屏幕上出现什么图形，拿着相应图形的幼儿就上台。

技术应用：游戏的第一关和第二关用到了白板中的“超级分类”功能，游戏的第三关用到了白板中的“形状”和“动画”功能。

教学反思：在这一环节，教师通过闯关模式，让幼儿在玩一玩、分一分中进一步感知了不同图形的不同特征，在带给幼儿新鲜感的同时，实现了教学目标。

教学小提示：在游戏中，如果是多名幼儿一起操作，教师要提醒幼儿，只能用一只手触碰屏幕，不能双手触碰。

六、教学技术应用及融合

教学流程	教学环节	技术应用
导入新课	创设情境	动画、音效
课堂活动	图形宝宝的特征	动画、形状
知识巩固	图形宝宝大闯关	动画、形状、超级分类

柠檬不是红色的

一、基本信息

课程名：柠檬不是红色的

年级：小班

教材版本：部编版

授课教师：方佳倩

二、教学目标

1. 知识与技能

丰富对事物的认知，了解事物的主要特征。

2. 过程与方法

通过将颜色与食物进行配对，学说句子“×× 不是 × 色的，×× 是 × 色的”。

3. 情感、态度与价值观

在“魔法”互动游戏情境中，体会阅读带来的快乐。

三、教学重难点及突破措施

1. 教学重点

教学重点是了解事物的主要特征。为突破这一教学重点，教师使用白板中的“动画”“音效”等功能创设了“魔术帽变魔法”的游戏，引导幼儿仔细观察、大胆表述，让幼儿在游戏中初步了解水果的颜色、形状等主要特征。

2. 教学难点

教学难点是将颜色与食物进行配对，并说出句子“×× 不是 × 色的，×× 是 × 色的”。为突破这一教学难点，教师使用白板中的“移动操作”功能，将食物与颜色一一配对。还使用了“图形遮罩”功能，激发了幼儿的学习热情，同时使用白板中的“分组竞赛”功能，让幼儿与白板互动，通过操作进行配对，进一步提高幼儿的观察和动手操作能力。

四、学情分析

小班的幼儿爱玩、好动，自主控制能力相对较弱，本节课通过“魔法帽变魔术”的游戏，让情境化教学贯穿始终。并选取了幼儿比较熟悉的苹果、葡萄、香蕉等水果，充分利用白板课件，引导幼儿认识常见水果的形状、颜色等外形特征，让幼儿尝试将颜色与食物进行配对，说出“×× 不是 × 色的，×× 是 × 色的”。

五、教学过程

1. 创设情境

环节目标：激发幼儿的兴趣，引出话题，为接下来的环节作铺垫。

教师活动：利用白板中的“动画”功能出示魔术帽和魔法棒（见图 1），然后提出问题，“如果给你魔法棒，你想变什么”“看到红色，你会想到什么好吃的”。鼓励幼儿大胆表述，并引导幼儿继续思考，“哪些好吃的食物是红色的”。

图 1

学生活动: 联想生活中见过的红色的、好吃的食物，并大胆说出“×× 是红色的”。

技术应用：使白板中的“动画”和“音效”功能，激发幼儿的兴趣，吸引幼儿参与课堂活动。

教学反思：使用白板中的“动画”和“音效”功能，吸引幼儿的注意力，并对幼儿的回答做出积极的反馈，可以大大提高幼儿的积极性。

教学小提示： 可以利用白板中的“画板”工具，现场绘制简笔画，让幼儿猜测画的是什么。或者提前准备红色食物的图片，添加“蒙层”效果，让幼儿猜测图片上是什么，当幼儿说出答案后，再把答案显示出来，这样更容易调动课堂气氛。

2. 趣味游戏

环节目标： 让幼儿尝试将颜色与食物进行配对，并学说句子“×× 不是 × 色的，×× 是 × 色的”。

教师活动： 引导幼儿参与“给水果宝宝换衣服”的游戏，并让幼儿学说句子“×× 不是 × 色的，×× 是 × 色的”，从而让幼儿了解水果的颜色（见图 2），知道不同的水果有不同的颜色，少数同一种水果也会有不同的颜色。

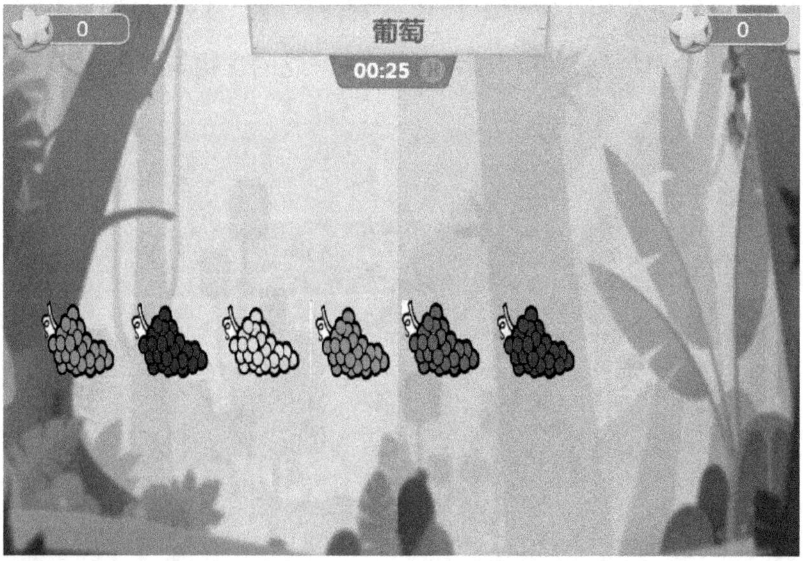

图 2

学生活动： 尝试给穿错衣服颜色的水果宝宝（草莓、苹果、葡萄）换衣服，并学说句子“×× 不是 × 色的，×× 是 × 色的”。进行一对一比赛，看谁能更快找到穿对衣服颜色的水果宝宝。

技术应用： 使用白板中的“触屏拖动”功能，鼓励幼儿观察、思考；通过白板中的“分组竞争”功能，引导幼儿寻找颜色正确的水果。

教学反思： 当幼儿操作正确时，教师可以通过提问加深幼儿的印象，如“你为苹果穿上了什么颜色的衣服”“苹果宝宝还有哪些颜色的衣服”“在哪里看见过不同颜色的苹果”。当幼儿出现认知冲突时，教师要及时出示红、黄、绿颜色的苹果图片，并做出总结，纠正幼儿对水果颜色的错误认知。

教学小提示：将水果图片及时导出，保存在白板的“资源库”中，便于及时取用；展示彩色九宫格时，需启用“锁定”功能，以免彩色九宫格在幼儿操作时被拖动，影响教学效果。

3. 游戏过渡

环节目标：梳理知识，增强幼儿探索周围世界的兴趣。

教师活动：通过魔法变出“好听的故事”，和幼儿一起欣赏绘本。

学生活动：聆听故事，并欣赏绘本。

技术应用：设置“翻页”效果，吸引幼儿欣赏绘本；使用白板中的“插入媒体”功能添加背景音乐，让幼儿更投入地聆听故事。

教学反思：使用白板进行教学，有助于落实以“学生为中心”的教学理念，增强教师和学生之间的有效互动。

教学小提示：将故事中的音乐设为背景音乐，且使其不随画面跳转而暂停；在故事画面上添加超链接，使其结束后能够及时返回主画面，避免经常性地退出。

六、教学技术应用及融合

教学流程	教学环节	技术应用
导入新课	创设情境	音效、动画
课堂活动	趣味游戏	触屏拖动、分组竞争
拓展延伸	游戏过渡	翻页、插入媒体

点点点

一、基本信息

课程名：点点点

年级：小班

教材版本：部编版

授课教师：徐演芸

二、教学目标

1. 知识与技能

感知点的数量、颜色、排列规律、方位、大小的变化。

2. 过程与方法

通过“看看”“说说”“想想”的活动，了解绘本的内容。

3. 情感、态度与价值观

在魔术般的互动游戏情境中，体会阅读带来的快乐。

三、教学重难点及突破措施

1. 教学重点

教学重点是感知点的排列规律和方位的变化。为突破这一教学重点，在引导幼儿观察点的排列规律时，教师使用白板中的“放大镜”工具，将一行彩色的点进行分段。为了让幼儿感知点的方位，教师利用白板对图形进行遮罩操作，增加了活动的趣味性。

2. 教学难点

教学难点为感知点的数量、颜色、大小的变化。为突破这一教学难点，教师巧妙使用白板中的多种功能，让幼儿随画面和音乐做动作，与白板产生互动，从而感知画面上点的数量、颜色、大小变化。

四、学情分析

小班的幼儿能够手口一致地点数5个以内的物体，能够说出物体的总数，并能感知物体的大小、多少，且能够用相应的语言表述出来。但是由于小班的幼儿刚入园，规则意识比较薄弱，因此，在本节课中教师用“音效”“动画”作为指令，引导幼儿进行指令型游戏，从而培养幼儿的规则意识。

五、教学过程

1. 创设情境

环节目标：激发幼儿的兴趣，为接下来的环节作铺垫。

教师活动：提出问题，“黄点点可能是什么”，鼓励幼儿进行猜测，并及时使用白板中的“笔”工具在空白页面绘制图形，记录幼儿的答案（见图1），肯定他们的想法。最后以魔法师的角色来介绍黄点点，创设“黄点点会变魔法”的教学情境。

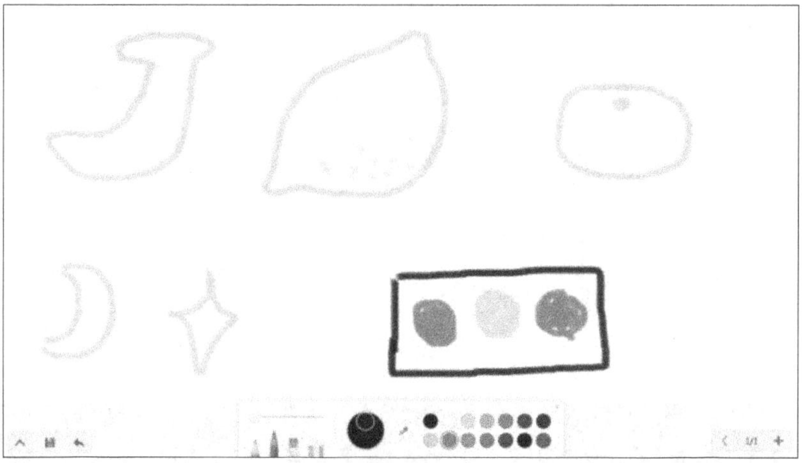

图1

学生活动：联系生活中见到的黄色物体，大胆猜测黄点点可能是什么。

技术应用：使用白板中的“笔”工具在空白页面及时记录幼儿的答案。

教学反思：使用“笔”工具记录幼儿的想法，当幼儿的想法被教师记录下来，并加以肯定时，幼儿在接下来的活动中会更有积极性。

2. 趣味游戏

环节目标：引导幼儿感知点的数量、颜色、排列规律、方位、大小等变化。

教师活动：出示绘本中的图片，请幼儿按照图片上的指令，上台与白板进行互动，从而让幼儿直观地感受“黄点点魔法”的神奇之处。

学生活动：在教师给出指令后，分批次上台操作，或者在座位上与画面进行互动，感受参与的乐趣。

技术应用：分解绘本图片，先出示部分图片，再根据幼儿的反馈，出示后续图片；出示图片时，通过巧妙设置图片动画和音效，让画面更加生动、有趣；用图形将画面完全遮住（移动图形时不会露出画面），设置悬念，吸引幼儿参与（见图 2）；使用白板中的“放大镜”工具（见图 3），便于幼儿关注重点、发现规律；使用白板中的“蒙层”和“橡皮擦”功能，让幼儿自己去白板上寻找黄点点，体验与白板互动的乐趣。

图 2

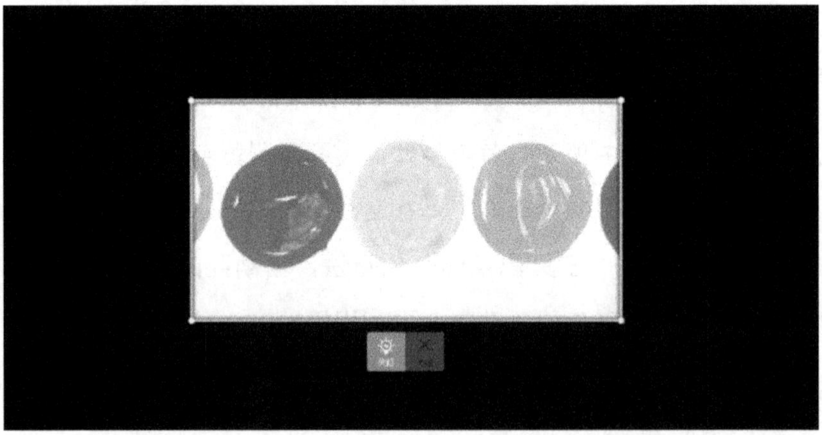

图 3

教学反思： 请幼儿上台与白板互动，可以节省大量教具，也可以避免传统课堂中存在较多的“教师说幼儿做”的现象；以画面、音效作为指令，增强了幼儿的自主性。

教学小提示： 可以在部分图片上设置超链接，让幼儿自主触发动画和画面；要充分利用白板中的工具，减少语言指令，让幼儿有更多的时间参与游戏。

3. 互动游戏

环节目标： 让幼儿根据画面指令与同伴进行游戏。

教师活动： 先与幼儿一起回顾点点变换动作时的音效，巩固不同指令的相应动作。然后让幼儿随着音乐根据画面指令进行游戏。

学生活动： 选择自己喜欢的点点，贴在身上，扮演点点魔法师。根据音效、画面指令进行游戏（见图 4）。

图 4

技术应用： 制作一个画面，将其作为主画面，并在其他画面上添加超链接，以便结束后能够及时返回主画面，避免经常性地退出；使用白板中的“插入媒体”功能设置背景音乐，烘托游戏氛围。

教学反思： 使用白板进行教学，能够减少课堂的高控现象，让教师也加入幼儿的游戏中。

教学小提示： 可将绘本中的音乐设为背景音乐，使其不随画面跳转而暂停，烘托游戏氛围。

六、教学技术应用及融合

教学流程	教学环节	技术应用
导入新课	创设情境	笔
课堂活动	趣味游戏	音效、动画、蒙层、放大镜、橡皮擦
拓展延伸	互动游戏	插入媒体、超链接

有趣的十二生肖

一、基本信息

课程名：有趣的十二生肖

年级：中班

教材版本：部编版

授课教师：胡铭敏

二、教学目标

1. 知识与技能

（1）了解十二生肖，并知道自己和同伴的生肖。

（2）掌握十二生肖的排列顺序，并能根据提示找到十二生肖的位置。

2. 过程与方法

在观察、猜测等活动中，逐步掌握十二生肖的排列顺序。

3. 情感、态度与价值观

通过有趣的故事情境，体验与同伴共同游戏的快乐。

三、教学重难点及突破措施

1. 教学重点

教学重点为认识十二生肖，了解十二生肖的排列顺序。为突破这一教学重点，巧妙利用白板，将音效与气球模板相连接，让幼儿对气球后面的小动物产生兴趣，让每位幼儿在想一想、试一试、玩一玩中轻松认识十二生肖。然后设置新情境，巩固幼儿对十二生肖的认识。最后通过儿歌让幼儿了解十二生肖的排列顺序，激发幼儿参与活动的积极性。

2. 教学难点

教学难点为掌握十二生肖的排列顺序。为突破这一教学难点，教师通过设置情境，使用白板中的“绘图”工具，让幼儿在操作中掌握十二生肖的排列顺序。

四、学情分析

生肖是幼儿生活中常常接触的一个有趣而又神秘的话题，十二生肖中的许多动物都是幼儿熟悉且喜欢的。《幼儿园教育指导纲要（试行）》中指出：一个活动的选择既要贴近幼儿的生活，选择他们感兴趣的事物和问题，又要有助于拓展幼儿的经验和视野。然而，十二生肖的排列顺序较为复杂，对中班的幼儿来说有一定的难度，因此，教师要转变角色，从知识的传授者转变为幼儿学习的引导者、参与者和合作者。为了培养幼儿学习的独立性和自主性，教师使用白板中的多种功能，结合观察法、讨论法等教学方法，进行教学。

五、教学过程

1. 创设情境

环节目标：渲染课堂气氛，调动幼儿的积极性。

教师活动：组织幼儿介绍自己的生肖，并出示幼儿的生肖图。然后让幼儿猜测教师的生肖，激发幼儿的学习兴趣，从而引出本节课的主题——每个人都有一个生肖，每个生肖代表一种动物，一共有十二只小动物，这十二只小动物就是十二生肖，十二生肖属于中国的传统文化。

学生活动：与同伴介绍自己的生肖，并猜测教师的生肖。

技术应用：使用“图片”与“音效”的链接功能制作“击破气球”游戏（见图 1），和幼儿一起逐个击破气球，展现出十二生肖，意在激趣。

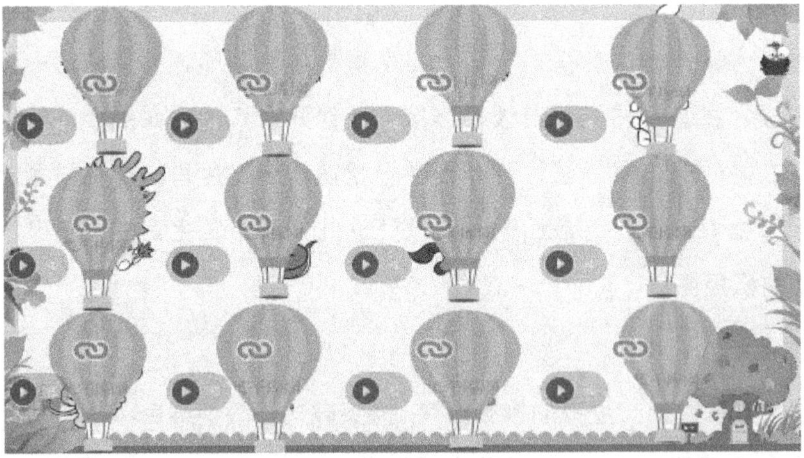

图 1

教学反思：在这一环节，随着气球被逐个击破，十二生肖展现出来，激发了幼儿的学习兴趣和热情，也为下一环节打下了基础。

教学小提示：气球模板的制作涉及“限制器”“图片排放”“层的分布”等多种操作，制作完成后需要及时保存，并动手操作一遍，以防在课堂中操作时出现问题。制作好的模板可以放入“资源库”，以备随时使用。

2. 天宫游戏

环节目标：帮助幼儿巩固其对十二生肖的认识。

教师活动：设置游戏情境——王母娘娘的蟠桃盛宴到了，玉皇大帝邀请小动物们去参加，十二生肖没有被邀请，但是它们也想偷偷坐上祥云去参加，请聪明的孩子们帮帮忙，找到十二生肖，送它们坐上祥云，去参加蟠桃盛宴。引导幼儿在众多的小动物中找到十二生肖，并将它们移动到祥云上。

学生活动：根据已有经验，尝试将图片移至祥云上。

技术应用：使用白板中的“绘图”工具，根据教学需要，对图片进行“移动”“放大”“缩小”等操作，摆脱束缚，灵活教学。

教学反思：在这一环节，有些幼儿找不准十二生肖，容易将十二生肖同其他动物混淆，在传统教学中，只能通过教师重复说明来解决这一问题，而白板教学将主动权交给幼儿，让幼儿自己移动，更有效地激发了幼儿的学习兴趣，也使教师能够有针对性地进行教学，师生互动、生生互动良好，提高了课堂效率。

教学小提示：教师在讲解过程中，可以边操作、边讲解，让幼儿更直观地理解教学内容。对挑战成功的幼儿，可以利用音效进行鼓励，提高其积极性。

3. 十二生肖排排队

环节目标：掌握十二生肖的排列顺序。

教师活动：情境引入——要进入蟠桃园，就必须先学会排队，怎么排队呢？哼唱“十二属相歌”，引导幼儿根据歌词给十二生肖排座位（见图 2）。

图 2

学生活动：根据教师哼唱的歌曲，结合已有经验对十二生肖进行排序，然后在教师的引导下同其他幼儿一起交流和补充，最终完成十二生肖排序图。

技术应用：使用白板中的“绘图”工具，帮助幼儿巩固所学内容。

教学反思：在幼儿完成操作后，请每个幼儿发言，与幼儿一起交流、讨论，并通过拖动图片，将讨论结果“动态”呈现。这样的操作，能够让上台展示的幼儿获得更直观的认知，对其他幼儿而言，在视觉和听觉上都能有所感知，加深印象。

教学小提示：需要移动的生肖图片较多，为了让十二生肖的排列顺序更加清晰，可以根据需要将图片放大或者缩小。

4. 巩固游戏

环节目标：巩固对十二生肖排列顺序的认识。

教师活动：情境引导——现在你们就是十二生肖，你们也要排队，排队成功，才能进入蟠桃园。让幼儿化身十二生肖进行排队的同时，展示部分生肖的位置，给幼儿提示。增加难度，将提示的图片依次减少，由 6 张减到 4 张，再减到 2 张（见下表 1）。

表 1　十二生肖排队表

鼠		虎		龙		马		猴		狗	
		虎				马		猴			
			兔					猴			

学生活动：化身十二生肖，进行排队。

技术应用：展示上一个环节的排序图，对幼儿进行提示（见图 3）。

图 3

教学反思：这一环节的难点在于将白板上的内容迁移到现实中，让幼儿化身十二生肖，进行排队。游戏中，打乱十二生肖的顺序，并将提示图片逐步减少，这个过程中，师生会有些忙乱。

教学小提示：游戏难度可根据课堂实际情况进行调整，在发现问题时，可以使用白板中的“笔”工具圈出。

六、教学技术应用及融合

教学流程	教学环节	技术应用
导入新课	创设情境	音效、超链接
课堂活动	天宫游戏	绘图
	十二生肖排排队	绘图
知识巩固	巩固游戏	绘图

数字朋友

一、基本信息

课程名：数字朋友

年级：中班

教材版本：部编版

授课教师：唐峥峥

二、教学目标

1. 知识与技能

（1）了解 10 以内的数字，并理解其数量关系。

（2）掌握 10 以内数字从小到大的排列顺序。

2. 过程与方法

在情景游戏与实物操作卡的体验中，掌握 10 以内数字的数量关系及排列顺序。

3. 情感、态度与价值观

增强对数字的兴趣，提高参与游戏的积极性。

三、教学重难点及突破措施

1. 教学重点

教学重点为理解 10 以内数字的数量关系。为突破这一教学重点，教师通过白板中的“隐藏与显示”功能，引导幼儿观察 10 以内的数与量的关系，并组织幼儿动手操作，进行数与量的配对，然后帮助幼儿验证结果。

2. 教学难点

教学难点为掌握 10 以内数字从小到大的排列顺序。为突破这一教学难点，教师通过白板中的“隐藏与显示”功能，让幼儿对数字进行排序。同时利用白板中的“锁定”及“动画”工具，形象、生动地帮助幼儿梳理数与量配对的结果，明确数字从小到大的排列顺序。

四、学情分析

《3~6岁儿童学习与发展指南》中明确指出：中班阶段的幼儿在数学领域的目标是“认识10以内的数字，理解数字的含义，会用数字表示物体的数量。学习目测数群，正确判断10以内的数量，感知10以内自然数列中相邻数的数差关系”。作为教师，应基于幼儿的兴趣和知识经验，引导幼儿走向最近发展区。

通过合理使用白板中的工具、操作卡等，充分调动幼儿的感官，使幼儿在轻松的氛围下积极学习，从而达成教学目标。

五、教学过程

1. 情境导入

环节目标：回顾10以内的数字。

教师活动：创设“发现数字朋友”的游戏情境，请幼儿寻找藏在房间里的10个数字朋友，并集体验证。同时，利用白板中的“隐藏与显示”功能进行遮蔽，请幼儿回忆丢失的数字朋友（见图1）。通过拖曳，移除色块，验证结果。

图1

学生活动：寻找房间里的数字朋友，点击白板中的“放大镜”，发现隐藏的10个数字朋友。寻找丢失的数字朋友，完成数字任务卡。

技术应用：通过白板中的“拖曳”功能及“放大镜”工具，将藏在房间里的数字朋友找出来；通过白板中的“动画”功能，帮助幼儿理清10个数字朋友；通过白板中的“隐藏与显示”功能，创设停电的情景。

教学反思：在这一环节，用到了“隐藏与显示”功能，让幼儿根据自己的思路，自主寻找隐藏的数字朋友，较好地体现了“幼儿为主导，教师加以适当引导”的教学理念。

教学小提示：在这一环节中，可以多让幼儿参与到数字朋友的寻找活动中，并引导幼儿将 10 以内的数字与找到的数字朋友进行比对，验证结果，同时也为后面的环节作铺垫。

2. 10 以内数与量的配对

环节目标：完成数与量的配对，理解数量关系。

教师活动：创设情景游戏“给数字朋友分糖果”，要求幼儿将数字与糖果进行配对（见图 2），并与幼儿一起验证。

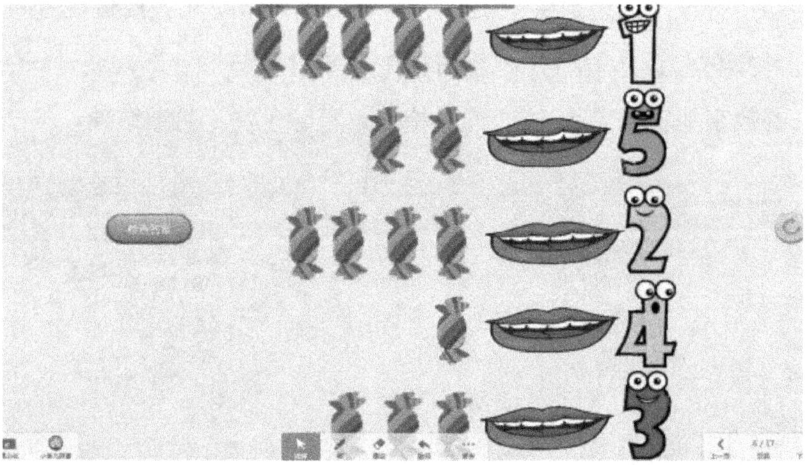

图 2

学生活动：通过默数或者点数糖果，完成数与量的配对。

技术应用：这一环节用到了白板中的“配对”功能，让幼儿自由拖曳糖果，实现数与量的配对，并自动验证结果。

教学反思：运用白板中的“配对”功能，将现实中的操作配对卡转移到课件中，帮助幼儿更好地进行观察与操作。

3. 学习顺数

环节目标：在理解数量关系的基础上，按照从小到大的顺序排列数字。

教师活动：出示操作卡，要求幼儿按分到的糖果数量，从少到多给数字朋友排队。让幼儿结合分糖果的图片，掌握数字从小到大的排列方法，即顺数的概念。

学生活动：根据糖果数量配对，将分到的糖果数量，按从少到多的顺序排队。

技术应用：这里用到了白板中的“拖曳”“动画”及“书写”功能，让幼儿充分理解顺数的概念（见图3和图4）。

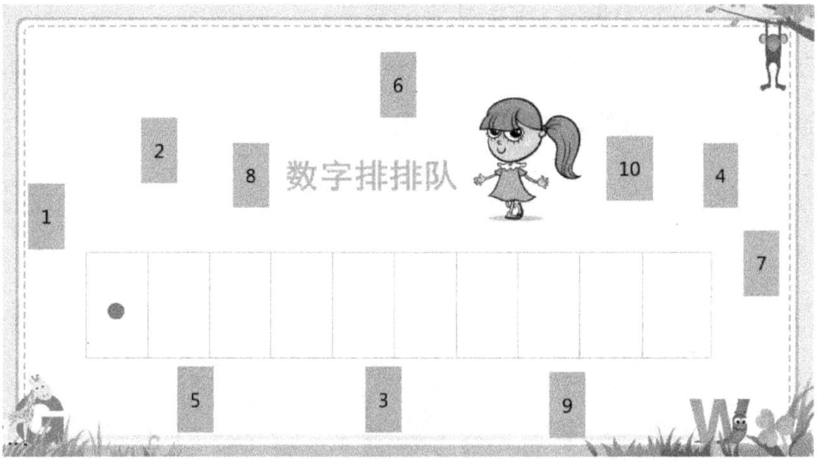

图3

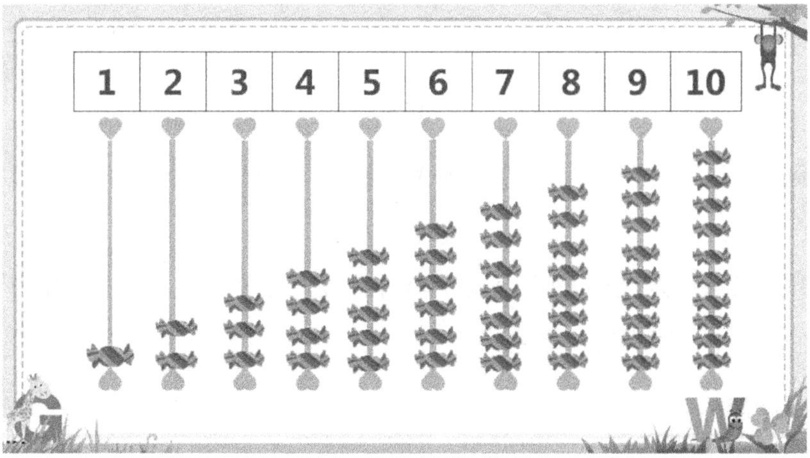

图4

教学反思：白板中的“拖曳”功能，具有随机性和可更改性，非常适合幼儿操作，让幼儿通过自由拖曳糖果，逐步理解数与量的关系。同时，使用白板中的“书写”功能，可以进行重点标识，从而更好地帮助幼儿理解顺数的概念。

4. 抢答竞赛

环节目标： 创设情景游戏“送数字朋友回家”，让幼儿分组进行比赛，引导幼儿进一步巩固对顺数的认识。

教师活动： 出示情景中的游戏图片——小树、小汽车、小房子，要求幼儿能根据顺数概念说出缺失的数字，然后集体验证，并对回答正确的幼儿进行奖励。

学生活动： 根据游戏情景，说出缺失的数字。

技术应用： 这一环节用到了白板中的“蒙层”与“橡皮擦”功能，根据幼儿的回答，教师可以随意出示隐藏的答案进行验证（见图5）。

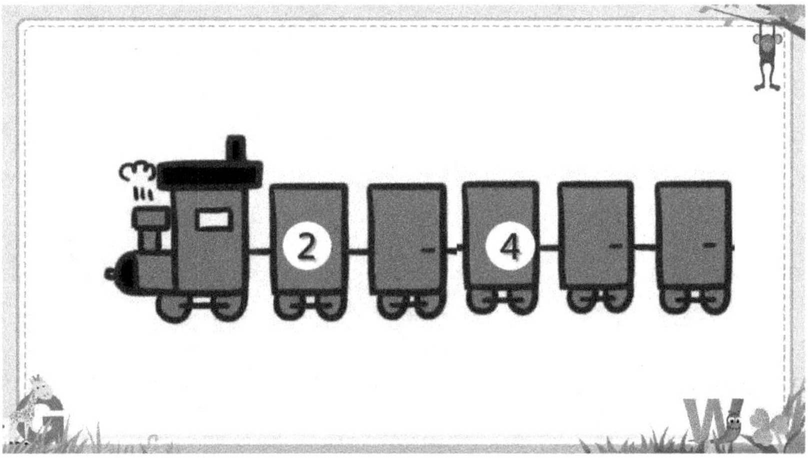

图5

教学反思： 这一环节的技术应用大大地提升了游戏的趣味性，帮助幼儿达到对顺数应用的目的。

教学小提示： 可以让幼儿通过抢答参与游戏，由幼儿或者教师揭晓答案，将知识点贯穿在游戏中，顺利达成游戏目标。

5. 知识延伸

环节目标： 初步了解倒数的概念。

教师活动： 出示分糖果图，结合白板中的“动画”与“拖曳”功能展示倒数，引导幼儿观察并说出发现了什么规律。

学生活动： 观察分糖果图，能说出所发现的规律——数字依次递减1。

技术应用： 这一环节用到了白板中的“拖曳”“书写”“动画”功能，将糖果数量按从多到少的顺序排列。

教学反思：通过自由拖曳糖果组合，实现更加明显、直观的对比。通过“书写”功能可以进行重点标识，清晰展示倒数是什么。

教学小提示：教师在讲解过程中要充分运用白板中的各种功能，使讲解清晰、直观。

六、教学技术应用及融合

教学流程	教学环节	技术应用
导入新课	情境导入	拖曳、放大镜、动画、隐藏与显示
课堂活动	10 以内数与量的配对	配对
	学习顺数	拖曳、书写、动画显示
	抢答竞赛	蒙层、橡皮擦
拓展延伸	知识延伸	拖曳、动画、书写

文具超市

一、基本信息

课程名：文具超市

年级：大班

教材版本：部编版

授课教师：胡珍燕

二、教学目标

1. 知识与技能

（1）能够用 1 和 2 的多种组合凑成 9。

（2）知道铅笔、橡皮、卷笔刀、铅笔盒等都是小学生必备文具。

2. 过程与方法

在参与课堂游戏的过程中，学习凑数的方法。

3. 情感、态度与价值观

理解游戏规则，感受团队协作的快乐。

三、教学重难点及突破措施

1. 教学重点

教学重点为用 1 和 2 的多种组合凑成 9。为突破这一教学重点，教师设计了多种游戏，让幼儿在游戏中感知凑数方法。

2. 教学难点

教学难点是让幼儿把自己当作“钱”，用钱进行凑数游戏。为突破这一教学难点，教师在游戏中需要反复强调游戏规则，通过提问及屏幕展示，帮助幼儿明确自己所代表的“钱”的数额。

四、学情分析

大班上学期，幼儿对 8 的组成已经有了一定的了解。本节课设计了“凑数购物”的活动，旨在让幼儿学习 9 的组成。在活动过程中，幼儿不再像以往那样，只是简单地摆弄教具，而是把自己当作“钱”，直接参与其中，进行团队合作。本节课，教师通过白板中的“克隆”“拖曳”“动画”“超级分类”等功能进行教学，实现游戏与教学的融合，体现“玩中学、学中乐”的教育理念。

五、教学过程

1. 情境导入

环节目标：知道铅笔、橡皮、卷笔刀、铅笔盒等都是小学生的必备文具。

教师活动：展示“文具商店”的情境，请幼儿观察并说一说文具店里有什么。

学生活动：先说一说自己所知道的文具，再观察屏幕，说出文具商店中摆放的文具（见图 1）。

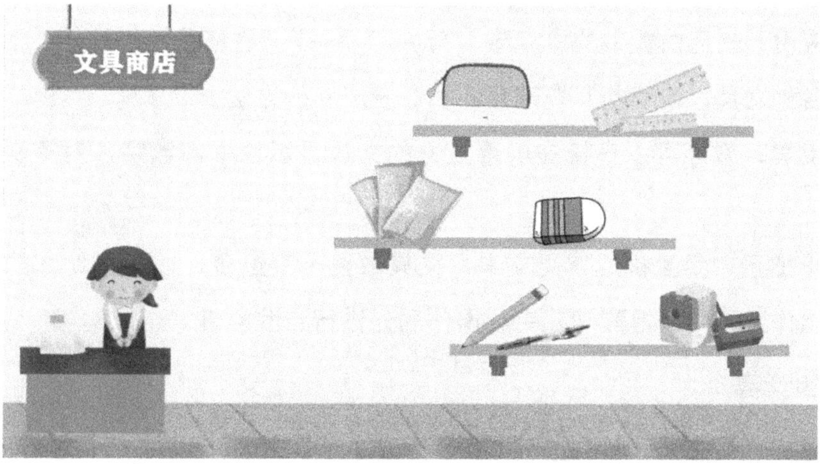

图 1

技术应用：通过白板中的“蒙层”功能，依次出示文具用品。

教学反思：在这一环节，幼儿能够根据经验说出一些文具的名称。利用白板中的“蒙层”功能，对幼儿说出的文具进行肯定。

2. 个体游戏

环节目标：初步了解用 1 和 2 凑成 9 的方法。

教师活动：创设购物情境，让幼儿进行操作。每个文具旁边的数字代表该文具的价格，要求幼儿拖动文具到购物车，购买 9 元钱的文具（见图 2）。

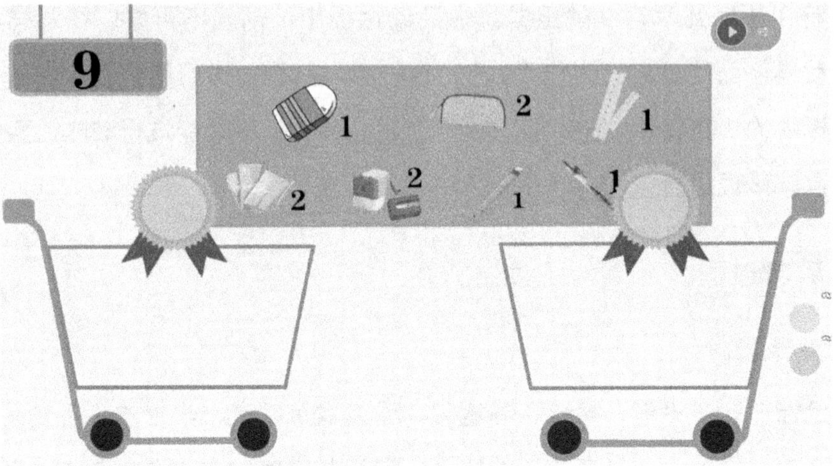

图 2

学生活动：两名幼儿同时在白板上操作，自由购买 9 元钱的文具，操作后分别进行检查。同时，其他幼儿用点数的方式进行检查。

技术应用：使用白板中的“克隆”“动画”“书写”“拖曳”等功能，使幼儿可以自由拖动各种文具，帮助幼儿梳理用 1 和 2 凑成 9 的方法。

教学反思：教师可以直接在屏幕上方的文具显示栏书写数字，对凑 9 的方法进行梳理。

教学小提示：尽量挑选常见文具，文具数量不宜过多，以免对幼儿的操作造成干扰。在操作过程中，提醒幼儿完成操作后先进行自我检查。

3. 分组竞赛

环节目标：用 1 元、2 元的不同组合凑成 9 元。

教师活动：让幼儿自由分成两组进行购物游戏。文具标价是 9 元，女孩代表 1 元，男孩代表 2 元，先凑成 9 元的一组可以拿走文具（见图 3）。

图 3

学生活动：自由分成两组，进行购物游戏，每组派出相应的人数（钱数）站在地毯上，凑成 9 元，多余的人回到座位上。完成后一起举手，代表游戏结束。先凑成 9 元并且先举手的一组获胜，可以拿走文具。

技术应用：使用白板中的“动画”“克隆”等功能，拖动人物图片，对游戏结果进行记录，使游戏结果更直观、清晰。

教学反思：图 3 的男孩、女孩代表参与游戏的幼儿，在验证环节，可采用直观的方法在白板上进行梳理，操作简单，既可以由教师操作，也可以由幼儿操作，快速呈现多种凑数方法。

教学小提示：在这一环节，幼儿的操作是随机的、自主的，而链接的内容都是教师提前预设好的，因此，需要记住图标的顺序或提前做好标记。

4. 游戏大挑战

环节目标：进一步巩固 9 的组成。

教师活动：让幼儿根据自己的判断将文具移到对应的购物车里，凑满 9 元的文具。

学生活动：参与游戏，凑满 9 元的文具，并将其移动到购物车里。

技术应用：使用白板中的“超级分类”功能，结合动画和音效创设游戏情境（见图 4）；通过白板设置游戏机制，若幼儿的操作结果错误，文具会被反弹回来，实现即时反馈。

图 4

教学反思：“超级分类”功能融合了动画和音效，增加了游戏的趣味性。游戏后的答案验证，实现了即时反馈，同时巩固了幼儿的学习成果。

教学小提示：这一环节的游戏互动性强，教师要注意将游戏与知识点紧密结合。

5. 观看视频

环节目标：爱护文具，学会整理自己的文具，对小学生活充满向往。

教师活动：播放小学生使用文具的视频（见图 5）。

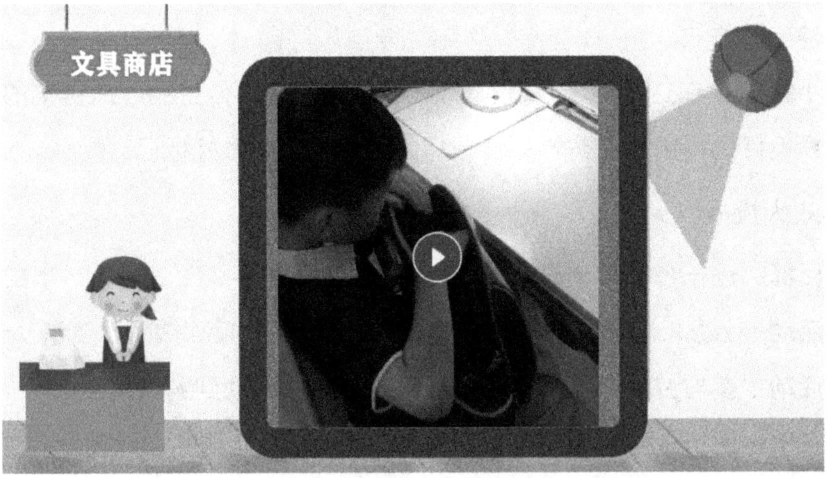

图 5

学生活动：观看视频，萌发对小学生活的向往。

技术应用：使用白板中的“插入媒体”功能，播放视频。

教学反思：该环节播放的视频能让幼儿萌发对小学生活的向往，大班的幼儿即将升入小学，希望幼儿能够像视频里的小学生一样，爱护文具，并学会整理自己的文具。

六、教学技术应用及融合

教学流程	教学环节	技术应用
导入新课	情境导入	蒙层
课堂活动	个体游戏	克隆、拖曳、动画、书写
	分组竞赛	动画、克隆
	游戏大挑战	超级分类、动画、音效
拓展延伸	观看视频	插入媒体

元和角

一、基本信息

课程名：元和角

年级：大班

教材版本：部编版

授课教师：王超静

二、教学目标

1. 知识与技能

（1）认识 1 元、5 角、1 角面值的人民币（硬币）。

（2）初步了解元和角之间的关系。

2. 过程与方法

通过在游戏中大胆尝试钱币的兑换，掌握元和角之间的关系。

3. 情感、态度与价值观

初步体会人民币在生活中的作用。

三、教学重难点及突破措施

1. 教学重点

教学重点为认识 1 元、5 角、1 角面值的人民币。为突破这一教学重点，教师在课堂上组织了“分组竞赛”游戏，在游戏中引导幼儿轻松学习。

2. 教学难点

教学难点为掌握元和角之间的关系。为突破这一教学难点，教师充分利用白板中的“蒙层”“动画”“音效”“超级分类”功能，设计钱币兑换游戏和购物游戏，引导幼儿认真思考、用心观察，从而掌握元和角之间的关系。

四、学情分析

人民币对幼儿来说既熟悉，又陌生。大班的幼儿能够识别人民币的面值，但不能正确判断出人民币之间的关系。通过本节课的学习，幼儿能更清楚地认识人民币，并体会到人民币在生活中的作用。

五、教学过程

1. 情境导入——认识硬币

环节目标：链接前期经验，激发幼儿兴趣。

教师活动：在白板上出示 1 元、5 角、1 角面值的硬币，提出问题，“老师带来的这些钱你们都认识吗？它们分别是多少？你是怎么知道的”。组织操作游戏，帮助幼儿梳理三种硬币的外形特点。通过“分组竞赛”游戏——按要求找硬币，引导幼儿进一步认识硬币（见图 1）。

图 1

学生活动：在白板上操作，认识 1 元、5 角、1 角面值的人民币，并按要求寻找正确的硬币。

技术应用：使用白板中的“分组竞赛”功能，引导幼儿按要求寻找正确的硬币。

教学反思：在这一环节，开展了“分组竞赛”的课堂游戏，激发了幼儿的学习兴趣。

教学小提示：前期制作的硬币图片需要及时保存，存入“资源库”中，以备随时更改或使用。

2. 兑换游戏——理解换算

环节目标： 理解硬币之间的换算关系，能按要求将钱进行等值兑换。

教师活动： 组织“数硬币”的游戏，引导幼儿正确数出储蓄罐里的硬币。并通过设置动画，使幼儿理解硬币之间的换算关系。

学生活动： 积极参加“数硬币”游戏，理解硬币之间的换算关系。

技术应用： 使用白板中的“克隆”“蒙层”“动画”“音效”“超级分类”功能，鼓励幼儿观察、思考，并进行操作。

教学反思： 在这一环节中，当幼儿操作正确时，教师要用提问的方式帮助幼儿巩固知识，如“除了使用这种方式进行兑换，还有哪些方式呢”“你是怎么兑换的”，等等。当幼儿出现认知冲突时，教师要及时出示各种换算关系图，加深幼儿对钱币之间换算关系的理解。

教学小提示： 提醒幼儿，在储蓄罐中数硬币时务必要及时锁定硬币，以免幼儿在操作过程中，屏幕持续弹出硬币，影响教学效果。

3. 买卖游戏——争购物品

环节目标： 梳理不同的凑钱方法。

教师活动： 组织“分组竞赛”游戏，先给每位幼儿贴上硬币标签，使其代表相应面值的硬币，然后让幼儿分两队抢购物品。

学生活动： 根据物品的价格，凑足相应的钱数，进行抢购。

技术应用： 使用白板中的“音效”功能，使幼儿在游戏中保持愉悦的心情。

教学反思： 游戏结束后，可以请幼儿梳理不同的凑钱方法。

教学小提示： 游戏结束后，可以在屏幕上进行现场打分。

4. 认识其他面值的人民币

环节目标： 认识 1 元、5 角、1 角以外的人民币，学会爱护人民币。

教师活动： 依次出示不同面值的人民币，先展示人民币的局部，让幼儿通过观察人民币的颜色、大小等特征猜测人民币的面值。同时告诉幼儿，“随意折叠、涂画等破坏人民币的行为是错误的，我们要爱护人民币”。

学生活动： 观察不同的人民币，认真思考，并大胆说出自己的发现。学会爱护人民币。

技术应用：使用白板中的“蒙层”功能，设置人民币的显示顺序。

教学反思：幼儿观察物品的特点一般是先整体后局部，这一环节要求幼儿通过观察局部，得出整体，对幼儿来说有一定的难度，对幼儿的观察能力提出了更高的要求。当幼儿无法猜出人民币面值时，教师可以呈现更大面积的人民币局部，降低幼儿的猜测难度。

教学小提示：注意设置好人民币的层级。

六、教学技术应用及融合

教学流程	教学环节	技术应用
导入新课	情境导入——认识硬币	分组竞赛
课堂活动	兑换游戏——理解换算	克隆、超级分类、蒙层、动画、音效
	买卖游戏——争购物品	音效
拓展延伸	认识其他面值的人民币	蒙层

我家漂亮的尺子

一、基本信息

课程名：我家漂亮的尺子

年级：大班

教材版本：部编版

授课教师：许萍

二、教学目标

1. 知识与技能

（1）知道人身体的很多部位都可以作为测量工具。

（2）学习用手尺（拃）作为自然测量的工具进行测量，掌握自然测量的基本方法。

2. 过程与方法

在玩一玩、试一试、说一说的过程中，体验并掌握自然测量的基本方法。

3. 情感、态度与价值观

提高参与测量活动的兴趣，产生“我的身体真有用”的感悟。

三、教学重难点及突破措施

1. 教学重点

教学重点是会用手尺进行自然测量。为突破这一教学重点，教师使用白板中的“放大镜”工具，将图片进行分段展示，引导幼儿关注重点。

2. 教学难点

教学难点是在移动过程中用手尺进行正确的自然测量。为突破这一教学难点，教师可使用白板中的“计时器”等工具，增加教学的趣味性。并巧妙使用“动画”和“音效”功能，增强幼儿与白板的互动，让幼儿感知测量的关键。

四、学情分析

学龄前的幼儿测量学习的重点是了解和掌握直接测量的方法。其目的是帮助幼儿理解测量的关键。本节课借助“我家漂亮的尺子”这个故事，引导幼儿学习用手来测量物体，同时让幼儿感受到我们的身体具有数学价值，数学离我们很近。

五、教学过程

1. 创设情境

环节目标：导入新课。

教师活动：提问“怎样才能知道椅子的高度”（了解幼儿对测量的认知），并及时利用白板中的“笔”工具在空白页面绘出图形，记录幼儿的答案，肯定他们的想法（见图 1）。

图 1

学生活动：联系生活中常见的测量工具，对测量椅子的方法产生兴趣。

技术应用：使用白板中的“笔”工具，在空白页面中及时记录幼儿的想法。

教学反思：当幼儿的想法被教师记录下来并及时给予肯定时，幼儿会更加积极地参与接下来的活动。

2. 借助绘本，激发兴趣

环节目标：引导幼儿关注自己的身体，激发幼儿的学习兴趣。

教师活动：出示绘本上的图片，引导幼儿感知并学习用手来测量物体。

学生活动：观察图片中用手测量衣服大小的方法，自己尝试用手测量椅子的高度。

技术应用：使用白板中的“放大镜”工具，将用手测量衣服的细节展现出来；设置“关灯”效果，使幼儿的关注点集中在测量方法上（见图 2）。

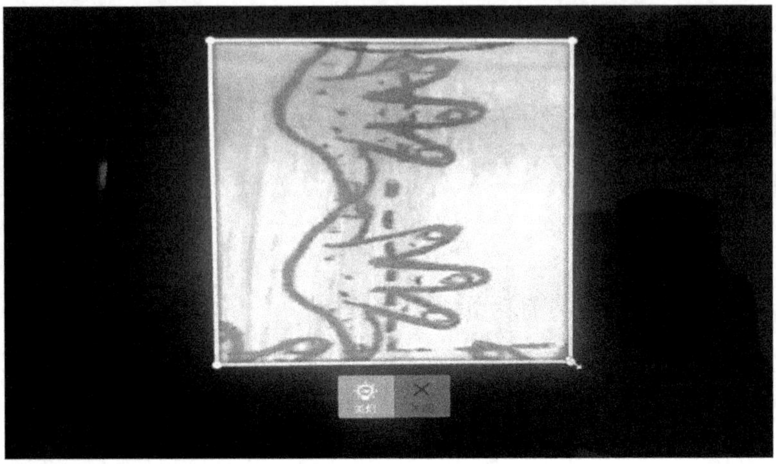

图 2

教学反思：这一环节重在引导幼儿主动进行观察。

3. 实践操作，感知体验

环节目标：掌握用手测量物体的方法，知道所测量物体的大小不同，测量结果就不同。

教师活动：引导幼儿观察表格（见图 3），并让幼儿用手对桌子进行测量。

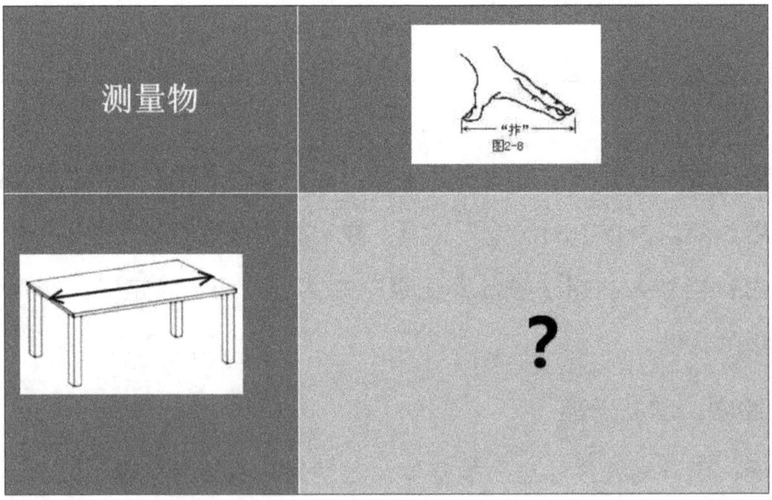

图 3

学生活动：通过观察，了解表格上的信息，根据表格上的提示对桌子进行测量。

技术应用：制作一个表格，让幼儿通过观察表格，了解所要测量的物体及测量的方法。

教学反思：通过展示表格，能吸引幼儿的注意力，同时提升幼儿的观察能力。

教学小提示：使用白板中的“锁定”功能，锁定表格中的所有图片和内容，防止拖曳时出现偏移。

4. 挑战任务，知识运用

环节目标：用手对不同的物体进行测量。

教师活动：组织“分组竞赛”游戏，将幼儿分为4组，看哪个小组能够率先用手成功测量出不同物体的大小。

学生活动：参与“分组竞赛”游戏，积极参与游戏。

技术应用：使用白板中的“计时器”工具，培养幼儿的时间观念。

教学反思：在幼儿游戏期间不要过多干扰，可适当提醒。

六、教学技术应用及融合

教学流程	教学环节	技术应用
导入新课	创设情境	笔
课堂活动	借助绘本，激发兴趣	放大镜、关灯
	实践操作，感知体验	锁定
拓展延伸	挑战任务，知识运用	计时器

夸张的我

一、基本信息

课程名：夸张的我

年级：大班

教材版本：部编版

授课教师：颜倩昱

二、教学目标

1. 知识与技能

（1）知道五官可以因为变形而表现得幽默、滑稽。

（2）掌握运用各种夸张材料表现夸张五官的方法。

2. 过程与方法

在感受和欣赏的过程中，知道人的五官可以变得很夸张。

3. 情感、态度与价值观

提高动手操作能力，感受“夸张的我”带来的乐趣。

三、教学重难点及突破措施

1. 教学重点

教学重点为知道五官可以因为变形而表现得幽默、滑稽。为突破这一教学重点，教师通过白板中的“插入媒体”“蒙层”等功能和“放大镜”等工具，组织课堂游戏，在游戏中引导幼儿感受夸张、观察夸张，并知道人的五官经过手的挤压会变形。

2. 教学难点

教学难点为通过大胆、夸张的设计表现夸张的五官。为突破这一教学难点，教师先让幼儿在白板上对五官进行自由组合，观察不同的五官组合所出现的效果。然后让幼儿在白板上自由绘制五官。最后，请所有幼儿用笔在纸上画出夸张的五官。

四、学情分析

《3~6 岁儿童学习与发展指南》中提到：艺术具有典型的创造性，独创是艺术的根本。从艺术本身的发展轨迹来看，当代艺术越来越重视观念的表达，表现手法越来越多元化、个性化，艺术家从传统的“艺术工匠”变成了思想家，成为传统艺术观念的突破者。

大班幼儿艺术活动的目标是乐于欣赏多种形式的艺术作品、喜欢进行艺术活动并大胆表现、具有初步的艺术表现能力与创造能力。

五、教学过程

1. 开门见山，用游戏导入新课

环节目标：活跃气氛，调动幼儿的积极性。

教师活动：出示做鬼脸的图片，提出问题，“平时玩过这个游戏吗”。组织幼儿进行游戏，让幼儿感受五官变夸张后表现出的幽默感、滑稽感。

学生活动：跟着音乐节拍随意走动，和同伴一起玩“做鬼脸”的游戏。

技术应用：使用白板中的“蒙层”“隐藏与显示”和“插入媒体”功能，组织幼儿进行游戏。

教学反思：在游戏中，幼儿更加直观地感受到了五官变形所带来的幽默感和滑稽感，为后面的环节打下基础。

教学小提示：在这一环节，使幼儿尽量放松，营造活跃的课堂气氛。

2. 欣赏图片，了解什么是夸张

环节目标：对比五官变形前后的区别。

教师活动：出示四位教师的生活照片，紧接着出示其五官变夸张后的艺术照，请幼儿谈谈五官变夸张后给人带来的感觉。

学生活动：观察教师五官变形前后的区别，描述五官变夸张后给人带来的感觉。

技术应用：使用白板中的“放大镜”工具，使幼儿更直观地观察夸张五官的特征；使用白板中的“超级分类”功能，对幼儿的对比能力和观察能力做一个测评。

教学反思：该环节，幼儿的学习兴趣非常浓厚，尤其在出示夸张五官的照片后，幼儿会比较兴奋，教师要注意把控课堂纪律。在使用“超级分类”功能时，大部分幼儿都跃跃欲试，对于大班的幼儿来说，可以适当增加难度。

教学小提示：可以请幼儿用白板中的“笔”工具将夸张的部分勾勒出来，使幼儿进一步认识夸张的特征。

3. 感知夸张五官带来的效果

环节目标：感知不同夸张五官的组合带来的不一样的夸张效果。

教师活动：出示三张空白的脸，引导幼儿在这三张空白的脸上对夸张五官进行组合、创作（见图 1）。

图 1

学生活动：用手指在白板上进行拖曳或绘画，设计出自己眼中的夸张五官。

技术应用：白板中的“拖曳”功能可以使幼儿操作自如；“笔”工具可以让幼儿随心所欲地进行创造。

教学反思：先请幼儿随意组合夸张的五官，再请幼儿凭自己的想象创造夸张的五官。这是一个层层递进的过程，有助于加深幼儿对夸张的认识。

4. 举办化妆舞会，欣赏、评价

环节目标：自主设计化妆舞会面具，展示夸张效果。

教师活动：情境导入——幼儿园即将举行一场化妆舞会，请幼儿使用手中的材料设计面具。

学生活动：根据提供的材料为自己设计面具。

技术应用：使用白板中的“计时器”工具，培养幼儿的时间观念；使用“插入媒体”功能，播放轻音乐，为幼儿营造一个轻松的创作氛围。

教学反思：幼儿设计的面具很夸张，但是有些缺乏新意，在设计过程中容易受到同伴的影响，教师要鼓励幼儿有自己的想法。

教学小提示：在操作过程中会产生材料垃圾，教师需提前准备收纳工具，在操作前提醒幼儿注意维护公共卫生。

六、教学技术应用及融合

教学流程	教学环节	技术应用
导入新课	开门见山，用游戏导入新课	蒙层、隐藏与显示、插入媒体
课堂活动	欣赏图片，了解什么是夸张	放大镜、超级分类
	感知夸张五官带来的效果	笔、拖曳
拓展延伸	举办化妆舞会，欣赏、评价	计时器、插入媒体

小学篇

认识图形

一、基本信息

学科：数学

课程名：认识图形

课程章节：第一单元第 1 课

年级：一年级

教材版本：人教版

授课教师：郭卓迪

二、教学目标

1. 知识与技能

（1）认识正方形、长方形、三角形、圆形、平行四边形的特征。

（2）能分辨各种平面图形，并能把这些图形分类。

2. 过程与方法

通过动手拼、摆、画各种图形，提高观察能力、动手操作能力、空间想象能力和用数学进行交流的能力。

3. 情感、态度与价值观

提高学习数学的兴趣，发现数学之美。

三、教学重难点及突破措施

1. 教学重点

教学重点为认识正方形、长方形、三角形、圆形、平行四边形。为了突破这一教学重点，教师可以使用白板中的“神奇墨水”工具制作一个透视镜，让学生先通过观察及想象，结合生活经验，从动物的形象中提取平面图形，再进一步从立体图形的表面抽象出平面图形。另外，在归纳图形特征的过程中，可以使用白板中的“容器”功能，以一对多的形式（即一个图形对应多种形状），帮助学生从大量的形状中抽象出这一类图形的基本特征。

2. 教学难点

教学难点为发展学生的空间概念。为突破这一教学难点，教师可以使用白板中的“聚光灯”工具，只显示出部分图形，先让学生猜测隐藏着的完整图形，再显示出完整图形，验证学生的答案。使学生经历想象、猜测、验证的过程，从而建立空间概念。

四、学情分析

经过上学期的学习，学生已经初步认识了立体图形，能够在小组合作中进行摸、找、描、说、拼等活动，同时可以有条理地表述自己的操作和思考过程。但一年级学生的动手操作能力较弱，空间想象能力较差，教师要帮助学生在活动中初步建立空间概念，并让学生感受数学与实际生活的联系。只有让学生真正理解所学知识，才能提高教学质量。

五、教学过程

1. 故事导入

环节目标：活跃课堂气氛，调动学生的学习积极性。

教师活动：先讲一则简短的小故事——森林里下了一场大雪，小动物们开心极了，都从家里跑了出来（见图 1），小狗、小鸡和小鸭跑在最前面，你知道它们会留下什么样的脚印吗？让学生结合生活经验，迅速说出三只小动物的脚印分别像梅花、竹叶和枫叶。继续讲故事，并出示百宝箱（见图 2），从百宝箱中找出一些学具，请学生说出这些学具所对应的立体图形的名称。

图 1

图 2

学生活动：联系生活实际，思考三只小动物的脚印分别像什么。接着用白板中的“透视镜”工具验证埋藏在雪下的脚印是否与想象中的一致。观察百宝箱中的学具，说出这些学具所对应的立体图形的名称，然后从自己的学具中找到该立体图形的模型。

技术应用：使用白板中的“隐藏与显示”功能和“透视镜”工具。

教学反思：“透视镜”工具很快地吸引了学生的注意力。但这时教师也要适时地引导，将雪地里的脚印和数学知识联系在一起，为后面由立体图形拓出平面图形的教学内容做准备。

教学小提示：从百宝箱中拖出学具时，可以让学生边观察，边找出自己学具中与其对应的模型。

2. 动手操作

环节目标：动手画出平面图形。

教师活动：引导学生拿出学具，先进行自主探索，拓出平面图形。再引导学生进行小组合作，把拓出的平面图形分类，并让学生说一说分类标准。接着请学生上台，通过白板中的“形状”功能，画出立体图形能拓出的平面图形（见图 3）。请学生在白板上移动平面图形，并进行归类（见图 4），提出问题，“你为什么这样分”，引导学生主动观察、思考。

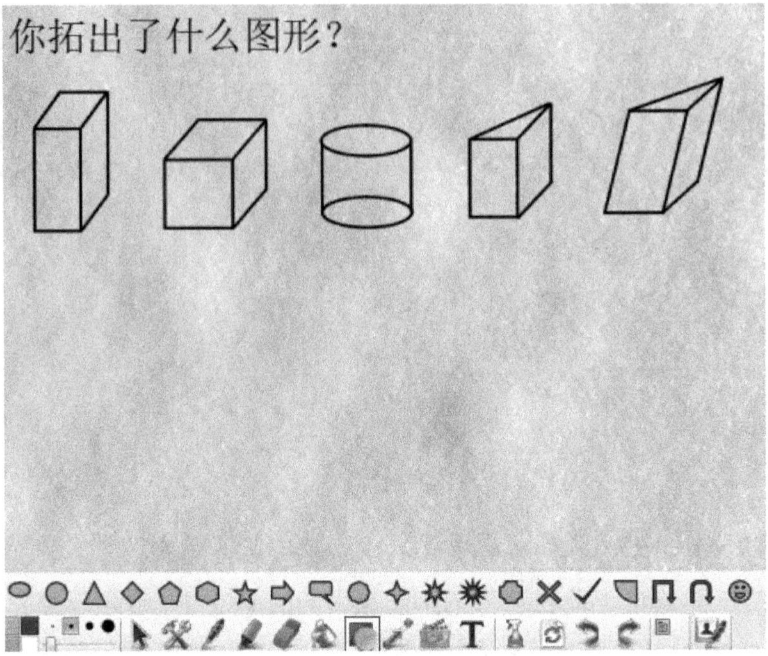

图 3

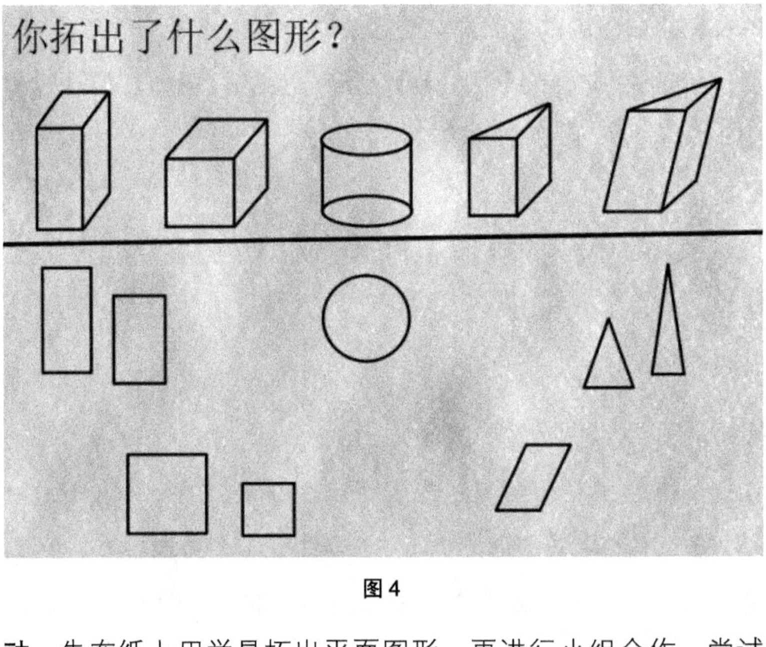

图 4

学生活动：先在纸上用学具拓出平面图形，再进行小组合作，尝试发现平面图形之间的联系，并将这些平面图形分类。

技术应用：使用白板中的“形状”功能进行绘图。

教学反思：这一环节中，白板中的学具可能与学生手中的不同，所以在反馈的时候可能与学生画出来的稍有不同。教师在这里需要引导学生运用空间想象能力，想象白板上的立体图形拓出的平面图形是什么样子，再与自己拓出的平面图形进行对比。

教学小提示：如果学生对分类的结果有异议，可以使用白板中的“照相机”功能，将第一次的分类结果以图片形式进行保存，再让有不同意见的学生进行第二次分类。将两次分类的结果进行对比，列出不同的分类标准，最后进行归纳、总结。

3. “游戏房”

环节目标：建立空间概念。

教师活动：介绍“游戏房”这一关卡，让学生进行挑战。遮住平面图形的一部分（见图 5），让学生猜测是哪种图形。学生说出答案并说明理由后，教师继续展示这一平面图形的其他部分，让学生进行第二次猜测。

图 5

学生活动：根据看到的平面图形的局部，猜测这可能会是哪种图形，并说明理由。

技术应用：使用白板中的“聚光灯”工具，只显示平面图形的局部，引导学生展开联想。

教学反思：这一环节用到了白板中的“聚光灯”工具，将练习变得趣味十足，大大增强了学生参与课堂活动的积极性。

4. “图形馆”

环节目标：明确图形的特征。

教师活动：让学生将散放在外面的长方形、正方形、圆形、平行四边形和三角形放进对应的框中（见图 6）。引导学生总结这几种图形的基本特征。

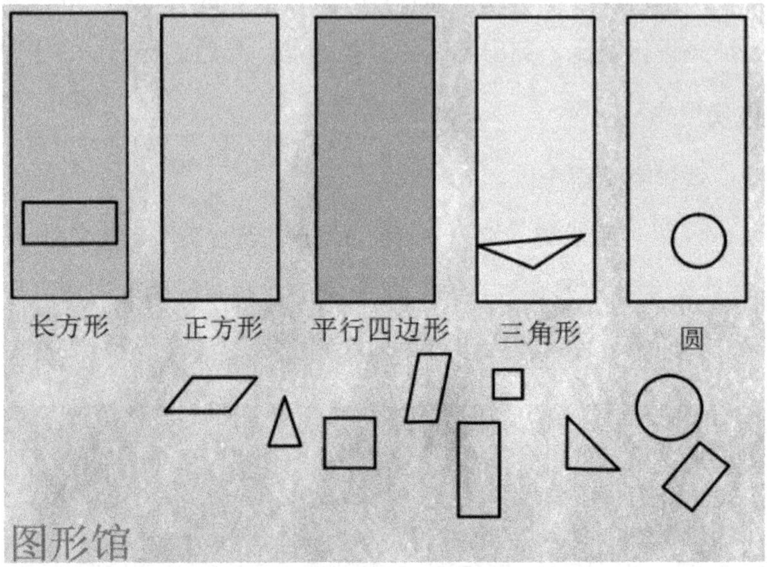

图 6

学生活动：在白板上拖动图形，将它们放进对应的框中，并说明理由。观察已经分好类的图形，进行小组讨论，探讨每种图形的特征。

技术应用：使用白板中的“容器”和“超级分类”功能进行图形分类，如果学生分类错误，图形会被弹回原来的位置；如果学生分类正确，则可以赢得掌声。

教学反思：这一环节使用了白板中的“超级分类”功能，学生需要先将图形进行分类，然后观察这一类图形所共有的特征。

教学小提示：即使是旋转过的图形，比如“倒了”的三角形，仍然是一个三角形，可以先以“开火车”的方式进行图形分类，再引导学生进行小组讨论、交流，最后总结出图形的特征。

5. “创造屋”

环节目标：组合创造新的图案，提高学生的空间想象能力及数学表达能力。

教师活动：引导学生用学具拓出平面图形，并将这些平面图形进行组合，创造新的图案。

学生活动：进行自主创造，并能准确说出自己所创造的图案中包含的平面图形的种类和数量。

技术应用：使用白板中的“资源库”功能，更方便地进行交流、反馈。

教学反思：通过本节课的学习，学生能对图形进行自由组合、运用。

教学小提示：引导学生用数学语言来描述所创造的图案，例如，“我用了几个图形，用了什么图形拼凑出了一个怎么样的图案”。

六、教学技术应用及融合

教学流程	教学环节	技术应用
导入新课	故事导入	隐藏与显示、透视镜
课堂活动	动手操作	形状
	“游戏房”	聚光灯
	“图形馆”	容器、超级分类
知识运用	“创造屋”	资源库

摆一摆　想一想

一、基本信息

学科：数学

课程名：摆一摆　想一想

课程章节：第四单元第 10 课

年级：一年级

教材版本：人教版

授课教师：刘颖娜

二、教学目标

1. 知识与技能

加深对 100 以内数的认识，进一步巩固数位和数值的概念。

2. 过程与方法

通过探究圆片个数与所摆出的数的个数之间的关系，发现规律，并能用所发现的规律解决一些简单的问题。

3. 情感、态度与价值观

提高有序思考能力及主动探究意识，在合作与交流中养成倾听的习惯，并能进行有条理地表达。

三、教学重难点及突破措施

1. 教学重点

教学重点是探索数位和数值的关系。为突破这一教学重点，教师使用白板进行演示操作，让学生进行小组讨论，并让学生在白板上展示讨论结果。同时，教师使用白板中的“笔”“照相机”等工具，随时记录学生的想法。

2. 教学难点

教学难点是找到既不重复又不遗漏的摆法，在操作活动中感受有序思考的价值。

为突破这一教学难点，教师使用白板中的“神奇墨水”“屏幕记录器”“时钟工具”“显露器”“骰子旋转器”等工具，与学生进行有效互动，让学生在比较中发现规律。

四、学情分析

在学习本节课之前，学生已经学习了100以内的数，能够正确数出100以内的物体个数，知道个位和十位的含义，掌握了100以内的数的顺序，会比较100以内数的大小。

一年级学生的形象思维能力强，注意力集中时间短，但有较强的探究新知的欲望，对于故事性、动态化的活动比较感兴趣。在本节课的教学中，教师利用白板，把动态过程有效地记录下来，验证学生的猜想，并分析结果，发现规律，然后利用发现的规律来解决问题，记录学生的思考过程，加深学生的印象，有利于学生对本节课知识的掌握。

五、教学过程

1. 由数学故事引入新课

环节目标：在数学故事中感受数位及数值的意义。

教师活动：播放歌曲《铃儿响叮当》，然后讲述数学故事“1和8比大小”。讲完后提出问题，“怎样才能使1比8大”。根据学生的回答进行适当引导，并从“资源库”中拖出数位表，把1和8分别放在十位和个位上。

学生活动：倾听教师的讲解，对教师提出的问题做出积极回应，并尝试解决问题，感受位值的意义。

技术应用：使用白板中的“拖曳”功能，拖动数字到不同的数位上；使用白板中的“神奇墨水”工具，增加师生互动。

教学反思：在这一环节，用音乐和数学故事能有效地把学生吸引到课堂教学中来。使用白板教学，能够随时展示学生的想法，体现以学生为中心的教学理念。

2. 用1个、2个珠子摆一摆，想一想

环节目标：体会从小到大或从大到小摆数字的方法。

教师活动：提出问题，“1个珠子可以摆出哪些数？2个珠子可以摆出哪些数”。

播放提前录制好的微课（见图 1），让学生跟着微课进行学习，并要求学生摆一摆。引导学生思考，“怎样摆才能不重复、不遗漏”。

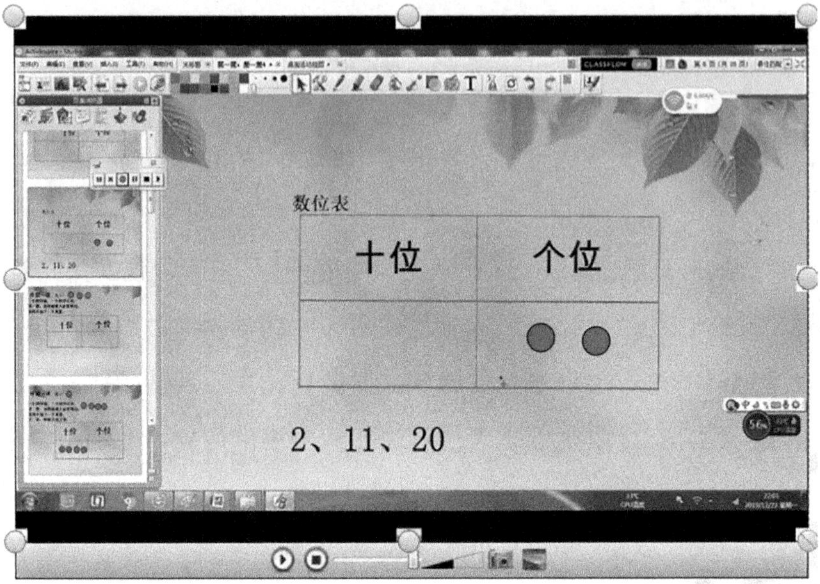

图 1

学生活动： 认真观看微课，积极思考。先想一想，再尝试在数位表中摆一摆。根据教师的引导，发现规律。

技术应用： 使用白板中的“拖曳”功能，将珠子拖到不同的数位上；使用白板中的“照相机”工具，拍下有序摆放的情况和无序摆放的情况；使用白板中的“笔”工具，即时记录学生的想法；使用白板中的“插入媒体”功能播放微课视频，动态展示有序摆放过程。

教学反思： 这一环节重在鼓励学生通过认真观察和不断探索，发现摆珠子的方法和规律，使操作更有序。

教学小提示： 在这一环节，要充分发挥学生自主探索的精神，学生的操作一开始可能是无序的，教师要鼓励学生主动寻找方法。

3. 用 3 个、4 个珠子摆一摆，想一想

环节目标： 在动手操作的过程中体会有序摆放的重要性。

教师活动： 提出问题，“3 个珠子可以摆出哪些数”，请学生动手摆一摆。使用白板中的“计时器”工具对学生的操作时间进行控制，使用“照相机”工具对学生

的摆放结果进行记录。再次提出问题，“4 个珠子可以摆出哪些数”，请学生进行分组竞赛，看看哪一组摆得又对又快。用“屏幕记录器”工具记录学生的操作过程，然后和学生一起观看，并提问学生从视频中发现了什么，引导学生说说有序摆放的规律。

学生活动：动手操作，用 3 个珠子摆一摆，记录有序摆放的结果；用 4 个珠子摆一摆，记录有序摆放的结果。选代表上台在白板上展示摆放结果，交流有序摆放的方法和规律。观看自己动手操作的视频，发现规律。

技术应用：使用白板中的“拖曳”功能，任意拖动珠子的位置；使用“计时器”工具，对学生的操作时间进行控制；使用“屏幕记录器”工具，记录学生有序操作的过程。

教学反思：本环节教师使用白板中的多种工具，及时获取学生的操作信息，并利用已有资源，完成随机教学，使课堂教学显得灵动而充满生机。

4. 观察思考，发现规律

环节目标：进一步发现珠子数与摆成的数之间的规律。

教师活动：引导学生根据刚刚学到的规律，猜一猜，用 5 个珠子、6 个珠子分别可以摆出几个数。然后让学生动手摆一摆。引导学生继续猜想，“9 个珠子可以摆成哪些数”，验证学生的猜想。出示练习题，让学生进一步从探究中发现规律。从资源库中调出奖励卡，激励学生，提高学生的学习积极性。

学生活动：猜想，并动手摆一摆，验证规律。通过做练习，进一步发现规律。

技术应用：使用白板中的“计时器”工具，对学生的操作时间进行控制；使用“显露器”“拉幕”工具，验证学生的猜想。

教学反思：这一环节，让学生从动手操作到动态想象，运用规律，合理猜想，然后验证猜想并发现规律，从而提高学生的学习的兴趣。

5. 运用规律，解决问题

环节目标：运用所学知识解决生活中的问题。

教师活动：设计三个关卡，让学生进行闯关游戏。第一关——猜猜下面的数是用几个珠子摆出来的；第二关——猜年龄；第三关——写数。

学生活动：先独立思考，再进行小组讨论、猜想、验证，积极参与闯关游戏。

技术应用：使用白板中的“笔”工具，及时记录学生的想法；使用“筛子旋转器”工具，使数字随机出现。

教学反思：在这一环节，大部分学生能够完全沉浸在游戏中，学习效果非常好。

六、教学技术应用及融合

教学流程	教学环节	技术应用
导入新课	由数学故事引入新课	拖曳、神奇墨水
课堂活动	用 1 个、2 个珠子摆一摆，想一想	拖曳、照相机、笔、插入媒体
	用 3 个、4 个珠子摆一摆，想一想	拖曳、计时器、屏幕记录器
	观察思考，发现规律	计时器、显露器、拉幕
知识运用	运用规律，解决问题	笔、筛子旋转器

认识钟表之认识整时

一、基本信息

学科：数学

课程名：认识钟表之认识整时

课程章节：第七单元第 1 课

年级：一年级

教材版本：人教版

授课教师：张丹妮

二、教学目标

1. 知识与技能

（1）了解钟面的组成。

（2）掌握认读整时的方法，并能用两种方法表示整时。

2. 过程与方法

在观察钟面和动手操作的过程中，认识钟面。

3. 情感、态度与价值观

培养时间观念，养成合理安排时间的良好习惯。

三、教学重难点及突破措施

1. 教学重点

教学重点为认识钟面的组成，掌握认读整时的方法。为突破这一教学重点，教师使用白板中的“书写”“隐藏与显示”功能和“突出显示器”工具引导学生通过小组讨论，总结出钟面的组成。然后合理使用白板中的“书写”功能，和学生一起绘制一个完整的钟面。当学生归纳出判断整时的方法后，使用白板中的“突出显示器”工具突出重点，再次巩固新知。

2. 教学难点

教学难点为在钟面上准确认读整时，并能用两种方法书写整时。为突破这一教学难点，教师使用白板中的“时钟”工具，通过“你说我转，你转我说”的活动，让学生熟练认读整时。同时使用白板中的“书写”功能，引导学生用两种方法书写整时。

四、学情分析

钟表与我们的生活联系紧密，在日常生活中，我们的活动都是按照时间有序进行的，因此，学生对“时间”这一概念有一些了解，对认读时间也有一定的生活经验。但是初入小学的一年级学生，其思维仍以形象思维为主，而时间概念较为抽象，所以，本节课从学生的实际生活出发，结合大量的操作活动，帮助学生真正掌握新知。

五、教学过程

1. 猜谜游戏

环节目标：调动学生学习的积极性，揭示课题。

教师活动：按顺序出示谜语的三条线索，允许学生随时抢答，待三条线索全部出示后揭晓谜底。引出课题后，出示色块图，让学生欣赏各种各样的钟表图，并请学生思考能将这些钟表分成哪两类。

学生活动：猜想谜语的谜底并回答，观察钟表图片，思考如何把教师展示的钟表分成两类，并用“笔”工具圈出来。

技术应用：使用白板中的“拉幕”工具，依次显示线索；使用“隐藏与显示”功能，逐步呈现各个钟表图片（见图 1）；使用“笔”工具，圈出钟表的类型。

教学反思：在这一环节，使用了白板中的“拉幕”工具，黑色幕布一点一点拉开，吸引了学生的注意力。在用“笔”工具画圈的分类环节中，充分调动了学生的学习积极性。

教学小提示：在点击色块出示钟表图的过程中，教师要起到引导作用，可以让学生根据已有经验谈一谈自己对不同钟表的了解。最后一个电子钟显示的是电子表时间，等学生发表意见后，教师再点击空白处把“电子钟”三个字显示出来。在观察钟面的过程中，要引导学生发现“钟面都是圆形的”，为后面绘制完整钟面作铺垫。

图 1

2. 做钟面

环节目标：认识钟面的组成。

教师活动：引导学生思考钟面的组成，给予学生小组讨论的时间，让学生通过讨论完成学习单上钟面的绘制，巡视并对有困难的小组进行指导。学生讨论完成后，邀请一个小组上台反馈。根据学生的回答，总结钟面的组成。

学生活动：独立思考教师的问题后，进行小组讨论，在学习单上画一个完整的钟面。讨论完成后，上台汇报本小组的讨论结果，并在白板的圆形钟面上画出钟表的各个组成部分。

技术应用：使用白板中的“书写”功能，画出钟面。

教学反思：学生经历了知识的形成过程，能更好地掌握新概念。每个学生从独立思考到小组讨论，不断修正、补充自己的想法，都能参与其中。用白板演示并汇报讨论结果的过程，更能体现生生互动，让学生真正成为课堂的主体。

教学小提示：在使用白板进行演示之前，要给学生足够的思考时间，学生自己思考后，才能倾听他人的成果，并进行比较。学生在台上绘制、书写的时候，教师要在旁边把控时间节奏，给所有学生留下修正的时间，再利用白板中的“时钟”工具进行总结。

3. 认识整时

环节目标：归纳判断整时的一般方法。

教师活动：提出问题，“在这个完整的钟面上，我转动指针，当它停止时，你能说出这一刻的时间吗”。接着出示教师家中的钟表图，请学生说出现在是什么时间，总结此刻时针、分针的指向和电子表时间的书写。然后继续出示上班时间、活动时间和晚饭时间，出示每一个时间后进行小结。最后引导学生归纳判断整时的方法。

学生活动：说出图片上的时间是几时，并说明理由，和教师一起书写电子表时间。当教师出示更多的钟表时间后，同桌间互相说一说每一个钟面分别是几时，并说明理由。同桌交流后进行集体反馈，由学生代表在白板上书写答案。最后在教师引导下归纳判断整时的方法。

技术应用：使用白板中的“隐藏与显示”和“书写”功能，让学生有更多的操作机会；引导学生归纳判断整时的方法时，使用“突出显示器”工具，突出重点。

教学反思：将学习的主动权交给学生，用“隐藏与显示”功能隐藏答案，让学生自己去发现和探索，教师在课堂上主要进行引导和帮助。

教学小提示：学生在生活中更习惯于说“几点”而不是“几时”，所以学生回答问题时，教师要及时纠正学生不规范的读法。

4. 课堂练习

环节目标：通过互动交流解决问题，巩固新知。

教师活动：开展“你说我转，你转我说”的活动。教师说一个整时，学生转动时针、分针，表示出相应的时间，或是教师转动指针，学生快速说出时间。之后教师出示两幅钟表图，钟面被墨水泼脏了一部分，让学生思考，“现在是整时吗”，并说明原因，如果不能确定，再让学生思考什么情况下会是整时。

学生活动：几名学生使用白板中的“时钟”工具转动指针，其余学生在座位上转动自己手上的钟表学具。台上的学生转动指针，台下的学生快速说出钟面上显示的时间；教师说出时间，台上和台下的学生快速转动钟表指针。同桌之间也可以合作，互相出题考一考对方。学生先独立思考，再进行集体交流。

技术应用：使用白板中的“时钟”工具，清晰地展示指针的转动过程（见图 2）；使用白板中的“透视镜”工具，让被墨水泼脏的部分的指针显示出来（见图 3）。

图 2

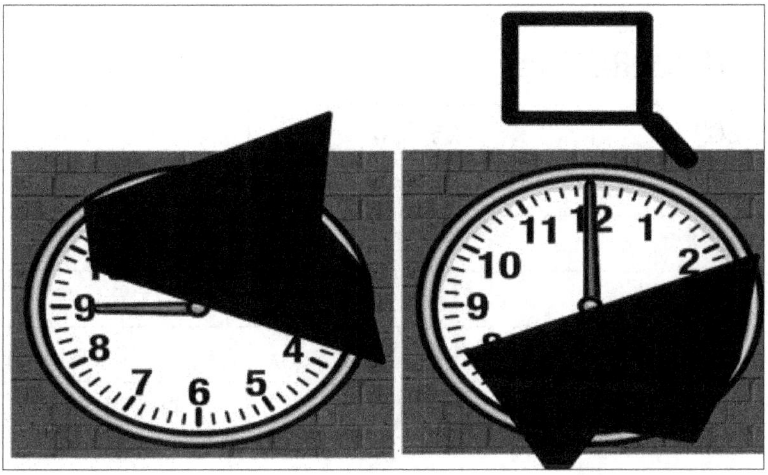

图 3

教学反思： 白板中的“时钟”工具能够有效地帮助学生巩固所学的知识，通过反复操作，让学生加深记忆。“透视镜”工具的使用增加了课堂的趣味性，促使学生积极思考。

教学小提示：教师可以给出提示，引导学生从判断整时的一般方法出发，进行思考，如果时间充裕，可以开展小组讨论活动。

5. 了解中国传统计时工具

环节目标：进行传统文化的渗透和珍惜时间的教育。

教师活动：请学生谈一谈自己知道的中国传统计时工具，再简单介绍日晷和铜漏壶，鼓励学生课后在白板的“云平台”上阅读，了解更多的计时工具。请学生说说本节课的收获，并提醒学生学会珍惜时间。

学生活动：说出自己知道的古代计时工具，回忆整节课所学的知识。

技术应用：使用白板中的“隐藏与显示”和“插入媒体”功能，播放“古代中国计时工具”的短视频。

教学反思：通过图片和视频，帮助学生充分了解古代的计时工具，激发他们对计时工具的学习兴趣。

教学小提示：本节课的最后可以提出一个问题，“如果分针不指向12，而是稍微偏左或者偏右，这个时间又该怎么读呢”，激发学生探索的欲望，为下节课的教学内容埋下伏笔。

六、教学技术应用及融合

教学流程	教学环节	技术应用
导入新课	猜谜游戏	拉幕、隐藏与显示、笔
课堂活动	做钟面	书写
	认识整时	隐藏与显示、书写、突出显示器
	课堂练习	时钟、透视镜
拓展延伸	了解中国传统计时工具	隐藏与显示、插入媒体

刮出来的画

一、基本信息

学科：美术

课程名：刮出来的画

课程章节：第 4 课

年级：一年级

教材版本：浙江人民美术出版社出版

授课教师：张超

二、教学目标

1. 知识与技能

了解单色和彩色底版的制作方法。

2. 过程与方法

通过运用不同的纸材和涂色工具制作不同的底版，掌握使用不同材料创作刮画的技巧。

3. 情感、态度与价值观

养成细心、大胆的创作习惯，树立勇于创新的精神。

三、教学重难点及突破措施

1. 教学重点

教学重点为底版及刮画的制作方法。这对于一年级的学生来说有一定难度，特别是要分清哪类颜色适合做底色，哪类颜色适合做第二层颜色。为突破这一教学重点，教师需在示范时讲解清楚。

2. 教学难点

教学难点为尝试运用笔尖、笔尾、刮画笔、牙签等随手可得的工具，通过不同媒介创作刮画。只要保证底版制作正确，就能成功创作刮画。但是若想刮出好看的画，就需要使用不同的工具，关键是利用适合的工具来制作适合的刮画。为突破这一教学难点，教师引导学生使用刮画棒这种两端粗细不同的工具更好、更快地创作作品。

四、学情分析

本节课的教学对象为一年级学生，他们对事物的认知处于概念化阶段，对事物的真实性和客观性的理解、认知是一个渐进的过程。因此，促进一年级学生心理健康的发展，激发其对事物探索的热情是这一阶段美术课的主要目标。本节课通过让学生自由涂色和练习，使学生掌握油画棒的正确使用方法，在涂色的过程中学会色彩的和谐搭配。

五、教学过程

1. 揭示课题

环节目标： 导入新课，揭示课题。

教师活动： 出示刮画作品，激发学生学习刮画的兴趣。

学生活动： 通过作品的局部，猜测作品是什么（见图 1）。

图 1

技术应用： 使用白板中的“聚光灯”工具，让学生猜测作品是什么。

教学反思： 使用“聚光灯”工具，只露出局部画面，学生的注意力马上被吸引过来，从而激发学生的学习兴趣，调动课堂气氛。

2. 讲授新课

环节目标：了解刮画和线描画的区别，了解刮画的制作方法和原理。

教师活动：开展“比一比”活动，引导学生讨论刮画和一般的画在制作过程上的区别。接着请学生欣赏底色为彩色的作品，最后请学生尝试制作漂亮的刮画，先请几个学生上台试一试，然后教师示范画法（见图 2）。随后出示一个小游戏“捡砖块”，引导学生思考什么样的颜色是深色，什么样的颜色是浅色，并让学生将砖块放到对应的篮子里（见图 3）。继续欣赏单色底色的作品，请学生观察底色的颜色差异，从而引出单色底色刮画的内容。进行学生作品欣赏，看看其他班级的学生画的画（见图 4），并让学生说说最喜欢哪幅画及原因。最后，请学生一边观看教师录制的微课，一边了解制作刮画的三个顺序。

图 2

图 3

图 4

学生活动：参与教学活动，回答问题，并尝试在白板上画一画。

技术应用：使用白板中的“隐藏与显示”功能，通过直观地对比，让学生说出答案；使用白板中的“笔”工具，演示刮画的制作过程；使用白板中的“神奇墨水”工具，让学生在白板上尝试刮一刮，使学生得到直接体验；使用白板中的“容器”功能，让学生将颜色进行分类；使用白板中的“插入媒体”功能，进行微课展示。

教学反思：通过白板的辅助教学，凸显了学生的自主性、探究性，提高了课堂的效率，有助于打造高效课堂。

教学小提示：在这一环节，要让学生充分感受在白板上创作刮画的乐趣，特别要注意的是，在学生上台创作刮画的过程中，要根据学生的作品讲清刮画的制作原理。

3. 创作作品

环节目标：提高创作能力。

教师活动：请学生自由创作刮画。

学生活动：创作刮画。

技术应用：使用白板中的“插入媒体”功能播放音乐，让学生在创作过程中保持愉悦的心情。

教学反思：白板中的相关功能帮助教师简化了在实物投影仪上的复杂操作，既省时又省力，同时也有利于平行班的重复教学。

4. 作业展示

环节目标：提高审美能力和表达能力。

教师活动：展示学生作品，请学生欣赏，并请学生选出他们最喜欢的作品。

学生活动：欣赏并选出最喜欢的作品。

技术应用：使用白板中的“照相机”工具，将学生的作品拍下来，展示在屏幕上；使用白板中的“注释”工具，明确学生作品中的亮点。

教学小提示：对学生作品中的亮点进行适当圈画，进行正面引导和肯定。也可以让学生进行互评，相互圈画别人作品中的亮点。

5. 课后拓展

环节目标：欣赏优秀作品，开阔眼界。

教学活动：总结本节课所学内容，并要求学生在下课后用油画棒来创作刮画。

学生活动：归纳、总结所学内容。

技术应用：使用白板中的“隐藏与显示”功能，展示优秀作品。

六、教学技术应用及融合

教学流程	教学环节	技术应用
导入新课	揭示课题	聚光灯
课堂活动	讲授新课	隐藏与显示、笔、神奇墨水、容器、插入媒体
	创作作品	插入媒体
	作业展示	照相机、注释
拓展延伸	课后拓展	隐藏与显示

数学广角——排列

一、基本信息

学科：数学

课程名：数学广角——排列

课程章节：第八单元第 1 课

年级：二年级

教材版本：人教版

授课教师：黄伟红

二、教学目标

1. 知识与技能

（1）了解简单的搭配问题。

（2）掌握搭配方法。

2. 过程与方法

通过观察、猜测、实验等活动，体会“数学化”的过程。

3. 情感、态度与价值观

感受数学与生活的联系，提高有序思考能力，体会分类思想、数形结合思想和符号化思想。

三、教学重难点及突破措施

1. 教学重点

教学重点为掌握有序排列的方法。为突破这一教学重点，教师通过白板中的“显示隐藏”功能，让学生理解交换位置法和固定十（个）位法，体会有序思考的数学思想方法。

2. 教学难点

教学难点为体会不重复、不遗漏的方法。为突破这一教学难点，教师使用白板中的“神奇墨水”工具，吸引学生的注意力。同时使用“显露器”等工具，按照教学预设展示教学内容，并且白板中的“笔”工具为动态调节课堂起到了积极的作用。

四、学情分析

在课前对学生进行了前测，结果显示：有 98% 的学生能够根据两张不同的数字卡片写出两个两位数，但是给学生三张不同的数字卡片，让学生写出不同的两位数，只有 35% 的学生能写出全部符合条件的两位数，另有 18% 的学生已具有有序思考的意识。对于这样一群学习水平不一的学生，教师在教学时就要注意兼顾全体学生的学习需要。

教师不能视学生为一张白纸，将一个个知识点传授给学生，让学生被动接受、理解和掌握，而应关注学生的知识基础，准确定位教学起点。本节课通过创设教学情境，把知识点串起来，让学生在情境中掌握有序思考的方法，提高思考能力。

五、教学过程

1. 创设情境

环节目标：复习旧知，引入新课。

教师活动：借助情境，引入话题，引发学生思考（见图 1）。

图 1

学生活动：利用 1、2 两个数猜门牌号码，与同桌相互交流，猜出两种可能性，并验证结果。

技术应用：使用白板中的“放大镜”及“聚光灯”工具，激发学生的兴趣。

教学反思：在这一环节中，学生明确了本节课的学习路径，复习了已学知识，为接下来的学习内容做了有效铺垫。

2. 将 3 个数字组合成不同的两位数

环节目标：培养合作意识，渗透有序思考的方法。

教师活动：出示 3 个不同的数字，请学生动手摆一摆，将这 3 个数字组合成不同的两位数。请两位学生在白板上拖动卡片，将 3 个不同数字组合成不同的两位数，教师随即引出“交换位置法、固定个位法、固定十位法”这三种方法，并归纳、总结有序思考方法，让学生在写数时做到不重复、不遗漏。

学生活动：同桌之间进行合作，一位学生摆卡片，另一位学生记录结果。在反馈环节，两位学生上台进行操作，其余学生边认真观看，边思考台上的同学在摆放卡片时所采用的方法（见图 2）。

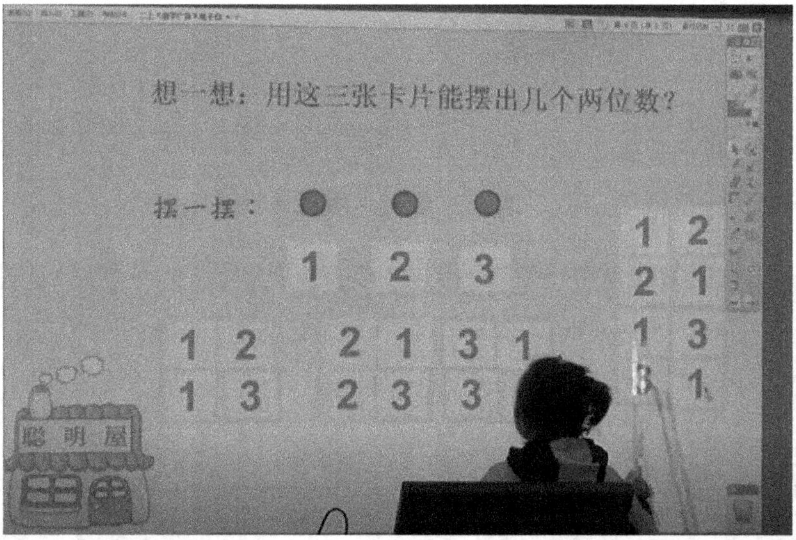

图 2

技术应用：使用白板中的“隐藏与显示”功能，按照教学预设展示教学内容。

教学反思：这一环节向学生展示了有序思考的全过程，让学生在动态摆放卡片的过程中掌握了三种方法的思考过程。同时，教师及时梳理了有序排列的思考方法，让学生感受有序思考在数学学习中的作用。

3. 尝试写数

环节目标：进一步巩固所学知识，拓展思维。

教师活动：使用白板中的“骰子旋转器”工具，引导学生写数（见图3），根据“骰子旋转器”随机出现的数字，引导学生完成对6个两位数、3个两位数、1个两位数的写数，并请三位学生针对这三种情况汇报写数内容。组织学生合作学习，让学生进一步完成写数，请1个小组上台反馈学习成果，同时引导学生理解0出现的个数以及由此带来的两位数个数的不同变化。

图3

学生活动：根据白板中的“骰子旋转器”工具抛出的3个数字，独立写两位数。在合作探究0参与的写数中，先各自写数，再由组长组织组员按照1号到4号的顺序介绍自己的写数情况，组员及时补充、修正，最后在小组成员上台展示小组学习成果时，全体学生参与互动交流，完善对有0参与的两位数所有情况的总结和提炼。

技术应用：使用白板中的“骰子旋转器”工具，实现随机出现数字的效果。

教学反思：本环节借助“骰子旋转器”工具解释数的不确定性，实现了传统的教具、学具无法达到的效果。

教学小提示：这里用到了“骰子旋转器”工具，可以让学生来操作；在先前学习经验的基础上，根据抛出来的数字的不同，有些学生一眼就能看出可以写出几个两位数，有些学生则不能，这时可以引导他们用有序思考的方法进行思考，再次巩固有序思考的重要性及可行性。

4. 将 4 个数字组合成不同的两位数

环节目标：进一步体会有序思考的方法，体会具体问题具体解决的实际意义。

教师活动：呈现摸奖规则，先引导学生集体猜测中奖号码范围，再请一位学生在白板中通过拖动逐步呈现摸球过程，缩小中奖号码范围，引导学生再次猜测，直至最终揭晓结果（见图 4）。

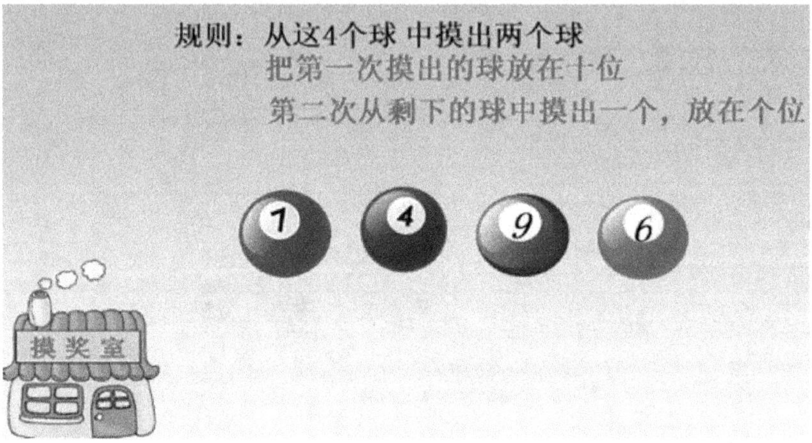

图 4

学生活动：先在纸上写数，把可能中奖的两位数都写出来，再观察台上学生的摸奖操作，进一步猜测可能中奖的号码，最后根据摸奖结果把自己写的中奖号码圈出来。

技术应用：通过白板中的“隐藏与显示”功能，及时呈现教学内容；通过白板中的“人机互动”功能，有效模拟摸奖现场，吸引学生眼球。

教学反思：本环节充分发挥了白板教学的优势，让学生在不知不觉中进一步探究了将 4 个数字组合成不同两位数的方法，虽然学习难度增加，但是学生却乐在其中。

5. 衣服搭配问题

环节目标：用数学知识解决生活中的实际问题。

教师活动：先引导学生自主探究搭配方法，再请两位学生上台展示思考过程（见图 5）。

图 5

学生活动：先独立思考，再进行小组交流，上台展示思考过程。

技术应用：使用白板中的“笔”工具，将上衣与裤子进行连线搭配，明确思考过程，展现思考方法。

教学反思：这一环节，跳出了纯数字的组合问题，转换到用有序思考方法解决实际问题的情境中，让学生体会有序思考的普适性，同时培养学生的抽象思维能力。

教学小提示：在这一环节，可以培养学生的抽象思维能力，先让学生自己把搭配的衣服用最简单的图来表示，再使用白板中的“笔”工具，有效帮助学生理解题意，掌握思考方法。

六、教学技术应用及融合

教学流程	教学环节	技术应用
导入新课	创设情境	放大镜、聚光灯
课堂活动	将 3 个数字组合成不同的两位数	隐藏与显示
	尝试写数	骰子旋转器
	将 4 个数字组合成不同的两位数	隐藏与显示、人机互动
知识运用	衣服搭配问题	笔

角的初步认识

一、基本信息

学科：数学

课程名：角的初步认识

课程章节：第三单元第 1 课

年级：二年级

教材版本：人教版

授课教师：张玲玲

二、教学目标

1. 知识与技能

（1）认识角，知道角的各部分名称。

（2）掌握角的大小比较方法，能用尺子画角。

2. 过程与方法

在观察、操作、思考、交流的过程中，积累数学活动经验，提高观察能力、动手操作能力和抽象思维能力。

3. 情感、态度与价值观

感受角与生活的联系，提高数学探究能力，获得成功体验。

三、教学重难点及突破措施

1. 教学重点

教学重点为知道角的各部分名称，能用尺子画角。为突破这一教学重点，教师由“猜一猜”游戏引出角，并引导学生在生活中寻找角。使用白板中的“放大镜”工具，让学生直观地体会到，角不是一个点，引导学生深化对角的本质的认识。在展示如何画角时，教师可以使用白板中的“数学”工具进行操作演示，让学生直观了解画角的步骤。

2. 教学难点

教学难点为理解角的大小与边的长短无关。为突破这一教学难点，教师用白板中的“绘图”工具使蓝角和红角的边的长短发生变化，从而使学生直观地看出角的大小与边的长短无关。

四、学情分析

“角的初步认识”是在学生已经初步了解长方形、正方形、三角形、圆形的基础上学习的。由于角对于二年级学生来说是一个比较抽象的概念，学生对平面图形“角”的认识是小众的、零碎的、模糊的，甚至与实际情况偏差很大。很多学生对“三角形”非常熟悉，但容易将其与“角”的名称混淆。总之，学生还没有将“角”从图形中分化出来，或者说，没有将“角”当作图形的一个要素。所以，如何更好地引导学生认识角的本质，是教师要着重解决的问题。

五、教学过程

1. “猜一猜”游戏

环节目标：调动学生的积极性，揭示课题。

教师活动：出示一个信封（里面藏着一个圆形），用白板中的“透视镜”工具，只展示图形的一部分（见图 1），让学生猜一猜信封里的图形是什么。然后出示另一个信封（里面藏着一个长方形），只露出一个角（见图 2），请学生来猜一猜是什么图形，并追问原因。最后出示信封中的图形，引出今天要认识的图形朋友——角。

图 1

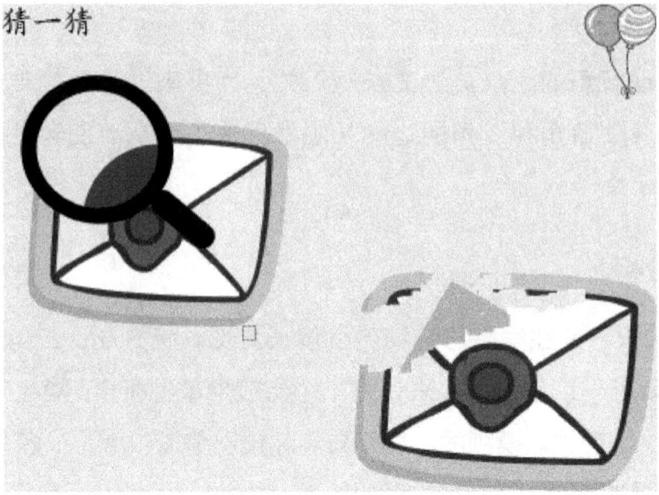

图2

学生活动：观察并根据经验说一说自己的猜想，用白板中的“透视镜”工具验证猜想，明确今天所要学习的内容。

技术应用：使用白板中的“拖曳”功能或“透视镜”工具，露出图形的一角；使用白板中的“书写”功能，写下猜想；使用白板中的“神奇墨水”及“橡皮擦”工具，验证学生的猜想。

教学反思：在导入环节，用到一系列露出图片一角的方法，教师可以根据教学内容和课堂中学生出现的生成性问题调控教学进度，体现以学生为本的教学理念。

2. 认识角的各部分名称

环节目标：认识角的各部分名称，并能判断哪些是角，哪些不是角。

教师活动：请学生摸摸三角尺的角在哪里，然后在白板的“数学”工具栏中拖出三角尺（见图3），请学生上台指出哪里有角。接着用“拖曳”功能把数学工具“三角尺”移开，通过“放大镜”工具让学生仔细观察，得出结论。教师对前面得出的结论提出质疑，请学生与同桌讨论，并重新指角。再出示书本和闹钟图片（见图4），让学生指出这两幅图中的角，隐去3张图片，留下3个角（见图5），并提问，“这些都叫作角，它们有什么共同点呢”，从而引导学生学习角的各部分名称。最后出示“角爷爷设宴请客”的情境图（见图6），请学生辨别图中哪些是角，哪些不是角。

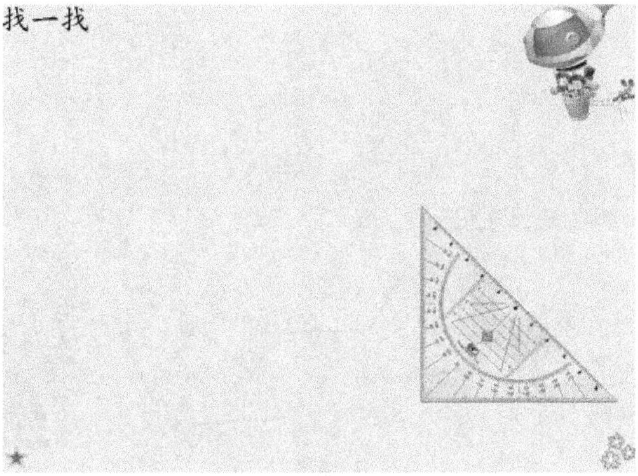

图 3

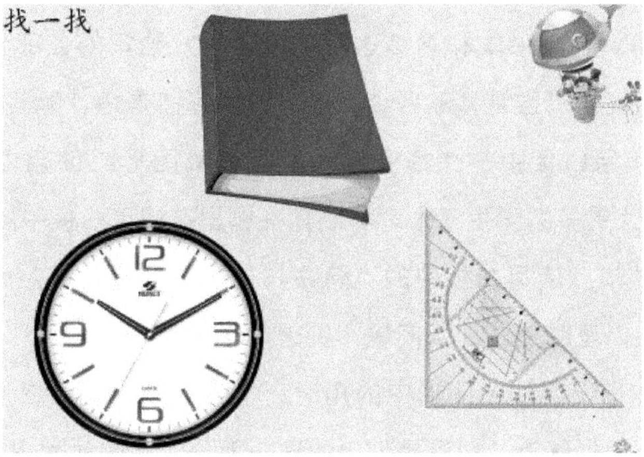

图 4

图 5

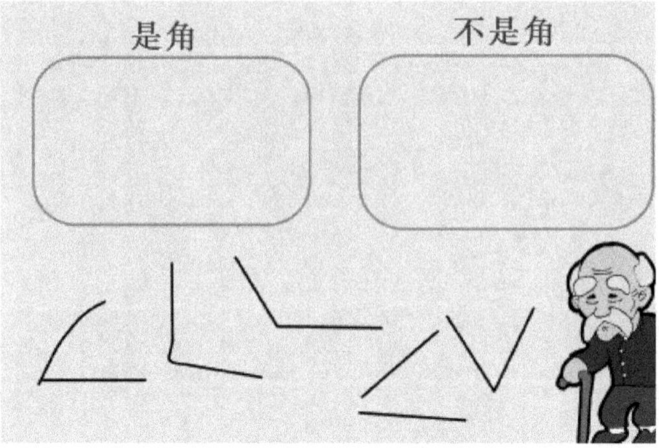

图 6

学生活动： 摸一摸自己手中三角尺的角在哪里，根据教师提供的三角尺图片，尝试去找角、描角。利用书本和闹钟这两个素材，归纳角的各部分名称。在“角爷爷设宴请客”的情境中，尝试拖动各个图形，说说哪些是角，哪些不是角。

技术应用： 使用白板中的“拖曳”功能，移动图形；使用白板中的“数学”工具“三角尺”，让更多的学生清晰地看到角在哪里；使用白板中的“放大镜”工具，激发学生探究的欲望；使用白板中的“隐藏与显示”功能，灵活地教学；使用白板中的“容器”功能，及时生成课堂问题，突破教学重点。

教学反思： 在指出实物或图形中的角时，学生容易出错。在没有对角进行系统学习之前，大部分学生认为，角只是尖尖的这一部分。传统教学中，由于操作困难，教师常常回避这一问题。在白板教学中，使用“三角尺”工具、“书写”功能以及“放大镜”工具，可以让学生直观地认识角。

教学小提示： “容器”是白板应用中的高级功能，在备课时需要对对象进行区分，列出关键字，一个“容器”只能识别一个关键字。

3. 游戏激趣

环节目标： 探究角的大小与什么有关。

教师活动： 出示一张圆形纸（见图 7），提出问题，“同学们，这张纸上有角吗？你能想办法用它折个角吗”，让学生动手折出不同的角。巡视并将学生的作品拍照上传至白板，进行展示，请学生介绍一下折法和折成的角的各部分名称。教师追问，“这些都是角，那它们有什么不同的地方”，播放视频“红角和蓝角”，引导学生使用白板中的“拖曳”功能比较角的大小，然后使用白板中的“绘图”工具把红角的其中一边延长（见图8），让学生比较哪个角大，从而使学生直观地看出角的大小与边的长短无关。最后通过旋转红角的一条边，改变红角叉开的程度，得出结论——角的大小与两边叉开的大小有关。

图7

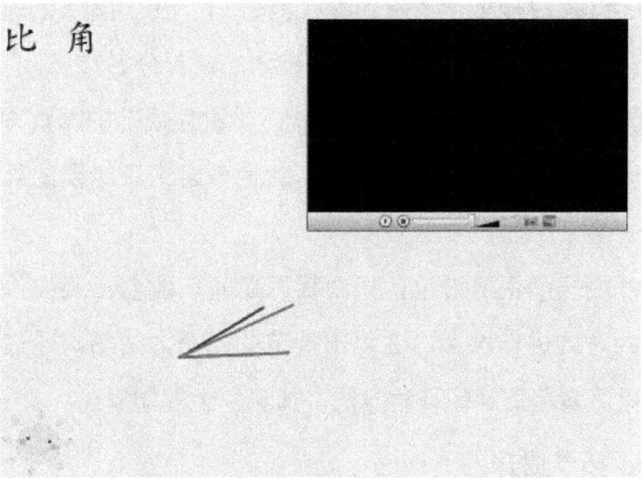

图8

学生活动：通过观察和思考，得出“圆形没有角”的结论。小组合作折角，根据教师上传的作品进行汇报，介绍折出来的角的顶点和边在哪里，并思考这些角有什么不同的地方。观看视频，比较角的大小，验证猜想，得出结论。思考角的大小与边的长短的关系。

技术应用：使用白板中的“隐藏与显示”“拖曳”功能及“绘图”工具，随机改变边的长短和角的大小。

教学反思：在这一环节，学生通过动手操作，主动探究，对角的本质特征有了更深刻的理解。

教学小提示：在学生汇报自己的作品时，教师可以用白板中的“笔”工具将学生指出的角的顶点和边写下来（对学生来说，听到和看到是两种完全不同的感受）。在使用白板中的“拖曳”功能比较红角和蓝角的大小时，可以多让几个学生去尝试，得出最优的比较方法。

4. 动手操作

环节目标：学会用尺子画角。

教师活动：出示白板中的数学工具“直尺”，提出问题，“谁能利用直尺在白板上画出一个角”，在学生画角的同时，教师讲述规范的画角方法。请学生在练习本上画出 2 个大小不同的角，并标出角的各部分名称。选择典型作品，拍照上传，请全班学生点评，从而总结出画角的方法。

学生活动：尝试在白板上用“直尺”工具画角，在了解规范的画角方法后，尝试在练习本上画出 2 个大小不同的角，并标出角的各部分名称。

技术应用：使用白板中的数学工具“直尺”，讲述规范的画角方法。

教学反思：可以请学生进行多次尝试，师生一起纠正错误的画角方法，讨论得出正确的画角方法。

教学小提示：由于学生年龄小，用白板画角时可能会出现操作不当的情况，可以采用师生合作的方式进行画角，在得出规范的画角方法后，通过“学生说、教师画”的形式在白板上演示正确的画角方法，加深学生的印象。

5. 巩固小结，拓展提升

环节目标：巩固对角的认识，明确角的大小和什么有关。

教师活动：出示练习一“数一数”，通过白板中的“显露器”工具逐一展示图形，要求学生数一数这些图形中有几个角，并组织学生上台指一指、画一画。出示练习二“滑滑梯”，组织学生进行“滑滑梯”模拟游戏，尝试滑动圆形图片，来体验角的大小与滑滑梯的舒适度之间的关系。出示练习三“剪角”，提出问题，“在一个长方形上剪去一个角，还剩下几个角”，组织学生猜想，并汇总学生的观点，进行验证。

学生活动：在练习一中，标记角的符号，数出角的个数；在练习二中，先观察滑梯的形状，选择合适的滑梯，再动手操作，拖动圆形图片，验证猜想；在练习三中，小组合作时先想象可能会剩下几个角，再动手操作。

技术应用：使用白板中的“显露器”工具，向左拉动图形，引导学生集中注意力；使用白板中的“限制器”工具，模拟“滑滑梯”游戏；使用白板中的“拉伸”功能，设置类似于剪刀的工具，进行仿真模拟。

教学反思：在这一环节，以练习的形式回顾知识点，通过 3 个不同的练习，层层递进，提升学生的思维能力。

六、教学技术应用及融合

教学流程	教学环节	技术应用
导入新课	“猜一猜”游戏	神奇墨水、橡皮擦、透视镜、拖曳、书写
课堂活动	认识角的各部分名称	拖曳、三角尺、放大镜、隐藏与显示、容器
	游戏激趣	隐藏与显示、拖曳、绘图
	动手操作	直尺
知识运用	巩固小结，拓展提升	显露器、限制器、拉伸

角的初步认识

一、基本信息

学科： 数学

课程名： 角的初步认识

课程章节： 第三单元第 1 课

年级： 二年级

教材版本： 人教版

授课教师： 周洁

二、教学目标

1. 知识与技能

（1）初步认识角，知道角的各部分的名称。

（2）能够利用角的组成进行简单的数角活动，并利用三角板判断角中比较特殊的一类角——直角。

（3）能够初步比较角的大小，知道角的大小跟边的长度无关，跟叉开的程度有关。

2. 过程与方法

通过观察、自主探究、小组交流等活动，掌握画角的步骤，并建立初步的空间观念，发展形象思维。

3. 情感、态度与价值观

获得成功的体验，知道生活中处处有角，提高学习数学的兴趣。

三、教学重难点及突破措施

1. 教学重点

教学重点为知道角各部分的名称，明确画角的步骤。为突破这一教学重点，教师使用白板中的“数学”工具，向学生清晰地展示画角的步骤，指导学生画角。

2. 教学难点

教学难点为比较角的大小，理解角的大小跟什么有关。为突破这一教学难点，教师利用旧知进行铺垫，自然引入新知，并巧妙运用白板中的“隐藏与显示”“容器”等功能组织学生思考、辨析。使用白板中的“拖曳”功能，让学生直观感受角的大小与哪些因素有关。

四、学情分析

角与实际生活有着密切的联系，生活中很多物体的表面都有角。学生以后学习几何图形的有关知识时也要以角的知识为基础。考虑到二年级学生的心理发展特点，教师利用白板中的多种工具帮助学生更好、更快地认识角的各部分名称，并通过简单的数角和摆角活动，激发学生的学习积极性。

五、教学过程

1. 联系旧知，引入新知

环节目标：揭示课题。

教师活动：使用白板中的“隐藏与显示”功能出示若干平面图形（见图 1 和图 2），带领学生回忆平面图形，并寻找这些平面图形的共同点——角（自然引出课题）。

学生活动：根据观察，回忆平面图形，说出它们的共同点——角。

技术应用：使用白板中的“隐藏与显示”“拖曳”“书写”功能，抓住学生眼球。

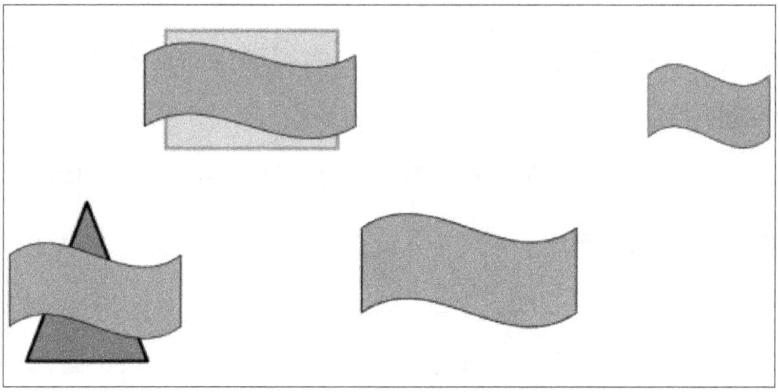

图 1

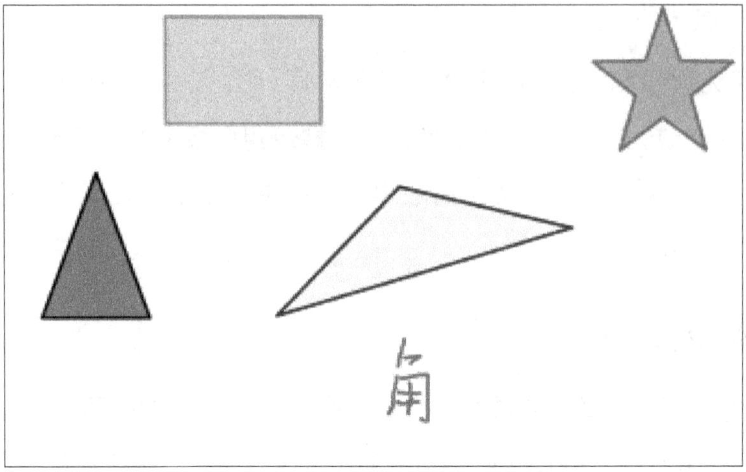

图 2

教学反思：使用白板中的多种工具，有效地激发了学生的学习积极性，通过引导学生寻找平面图形的共同点，自然地引出角，直接揭示课题。

2. 初步认识角的组成

环节目标：发现角的一般特征，明确角的各部分名称。

教师活动：让学生观察屏幕上的角，并就这些角的共同特征进行小组讨论，然后汇报。

学生活动：根据教师提出的问题，观察这些角，在组内交流讨论后明确角的一般特征。

技术应用：使用白板中的“拖曳”功能，直观地呈现角的特点；使用“拖动副本”功能，让更多的学生参与到课堂活动中。

教学反思：使用白板中的“拖曳”功能，吸引学生的注意力，并层层递进，引导学生总结出角的特征。

教学小提示：让学生多次进行拖动操作，增加其对角的概念的理解。

3. 掌握新知，学以致用

环节目标：明确角的组成部分。

教师活动：出示一组图形，提示学生根据角的特征判断该组图形中哪些是角，哪些不是角。

学生活动：判断白板上的图形是否为角，并说出不是角的几个图形所缺少的部分。

技术应用：使用白板中的“容器”功能（见图3），帮助学生直观地理解角的概念。

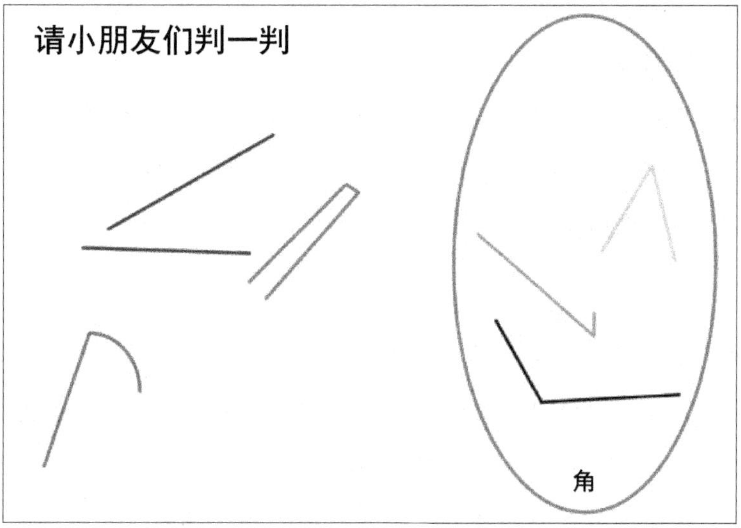

图3

教学反思：这一环节用到了白板中的“容器”功能，极大地吸引了学生的学习兴趣，学生如果有不同意见，可以直接上台进行操作，体现了以生为本的教学理念。

4. 变式应用，加深理解

环节目标：加深对角的概念的理解。

教师活动：组织进一步的变式练习活动——数角、摆角，进一步加深学生对角的概念的理解。适当指导学生进行小组讨论，让学生体验找角和创造角的乐趣。

学生活动：从给定的图形中数出角的具体数量，根据要求摆出不同个数的角。

技术应用：使用白板中的“书写”功能和“聚光灯”工具，明确所找出的角的个数。

教学反思：结合白板中的“聚光灯”工具和“书写”功能，直观地呈现课堂的生成性资源，这是以往教学工具所无法实现的，它让我们看到了学生的思考过程和最终结果，还为学生提供了多维度的思考空间。

教学小提示：要恰当使用白板中的各种工具，另外，学生将注意力集中在每一个“聚光灯”下的问题时，要给予其充分的思考和讨论时间。

5. 画角体验

环节目标：明确画角的要求和步骤。

教师活动：先让学生在纸上画出一个角，然后使用白板中的“数学”工具示范画角的方法，明确画角的要点。

学生活动： 独立尝试画角，并在小组内说一说画角的步骤。仔细观察教师画角的过程，明确画角的要点。

技术应用： 使用白板中的“数学”工具，直接在白板上指导学生画角。

教学反思： 使用白板中的“数学”工具演示画角的步骤，再一次激发了学生的学习兴趣，提高了教学效果。

6. 认识直角

环节目标： 在观察和比较中发现直角。

教师活动： 出示生活中常见的一类特殊角的图案，与学生一起观察和比较，发现这些角的特征——直直的，从而引出直角的概念。

学生活动： 在观察中找出隐藏在这些图案中的角，并发现这些角的特征。

技术应用： 使用白板中的“透视镜”工具（见图4），以及“数学”工具中的三角板（见图5），对角进行直观的比较。

图4

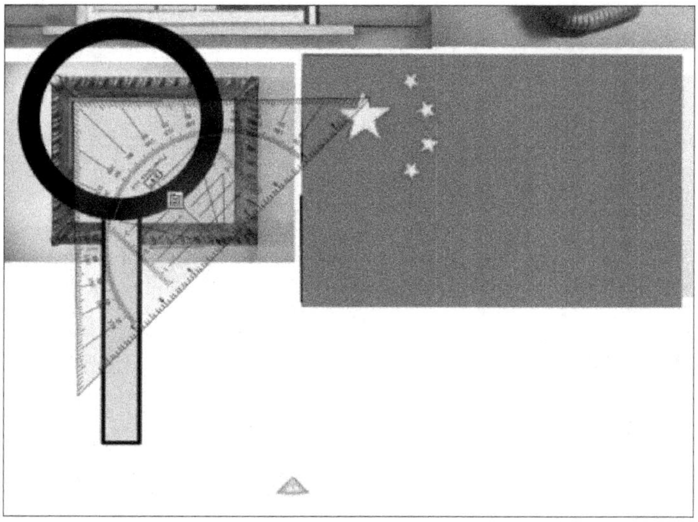

图 5

教学反思：使用“透视镜”，可以吸引学生的注意力，向学生呈现透视感。使用白板中的其他工具，将抽象的直角直观地呈现出来，加深了学生对直角的认识。

7. 比较角的大小

环节目标：发现角的大小与角两边的长度无关，而是与角两边叉开的程度有关。

教师活动：先让学生比较角 1 和角 2 的大小，明确角是有大小的（见图 6），然后用信封遮住角的一部分，让学生比较大小（见图 7），从而引发学生对角的大小的思考，最终通过操作得出结论——角的大小与角两边的长度无关，而与角两边叉开的程度有关。

学生活动：通过两次比较和组内的讨论，最终得出结论。

技术应用：使用白板中的“聚光灯”工具和“拖曳”功能，既直观、形象，又能吸引学生的注意力。

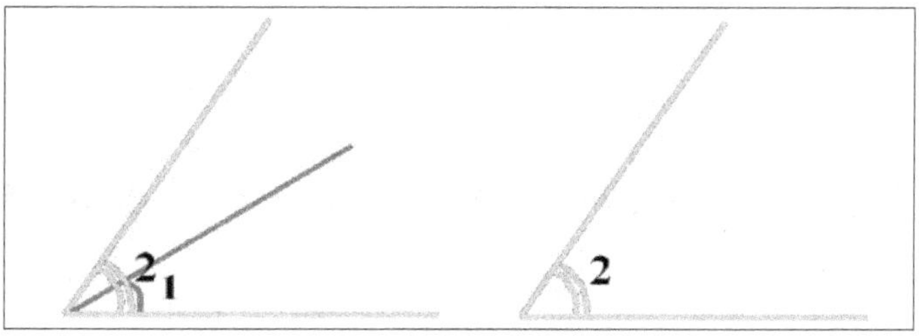

图 6

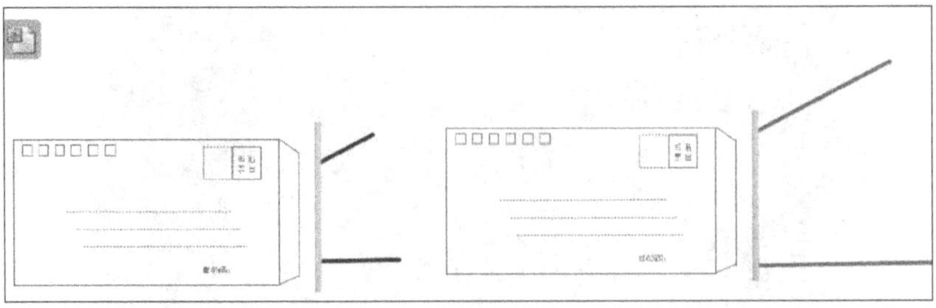

图 7

8. 综合应用，拓展提升

环节目标：活学活用。

教师活动：给学生布置任务——在一张长方形的纸上剪一剪，看看如何一刀剪出 3 个角、4 个角、5 个角的图形。拍照记录学生的剪裁结果，并和学生一起验证结果。

学生活动：动手操作，操作后和教师一起验证结果。

技术应用：使用白板中的“拉幕”工具，逐一呈现问题和条件；使用白板中“拖曳”和“隐藏与显示”功能，逐一呈现不同情况，激发学生兴趣，引导学生积极探索；使用白板中的“照相机”工具（见图 8），对学生的生成性资源及时反馈。

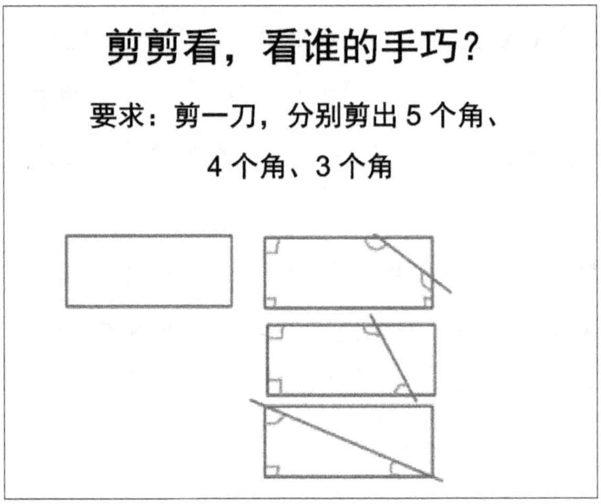

图 8

教学反思：白板中的“照相机”工具，将不同学生的作品逐一呈现，体现了反馈的及时性。

教学小提示：在这一环节中，如果时间允许，可以让学生把所有的剪裁结果都呈现出来，允许“百家争鸣”，实现教学方式、方法上的多样化。

六、教学技术应用及融合

教学流程	教学环节	技术应用
导入新课	联系旧知，引入新知	隐藏与显示、拖曳、书写
课堂活动	初步认识角的组成	拖曳、拖动副本
	掌握新知，学以致用	容器
	变式应用，加深理解	书写、聚光灯
	画角体验	数学
	认识直角	透视镜、三角板
	比较角的大小	聚光灯、拖曳
拓展延伸	综合应用，拓展提升	拉幕、拖曳、隐藏与显示、照相机

数学广角——搭配（一）

一、基本信息

学科：数学

课程名：数学广角——搭配（一）

课程章节：第八单元第 1 课

年级：二年级

教材版本：人教版

授课教师：朱思远

二、教学目标

1. 知识与技能

（1）能找出最简单的事物的排列数。

（2）了解排列数的基本思路。

（3）学会有序思考的数学思维方法。

2. 过程与方法

在观察、猜测、操作等活动过程中，提高学生的数学表达能力，养成有序、全面地思考问题的习惯。

3. 情感、态度与价值观

引导学生感受数学与生活的紧密联系，激发学生学习数学的乐趣，在数学活动中养成与他人合作的良好习惯。

三、教学重难点及突破措施

1. 教学重点

教学重点为找出简单事物的排列数，学会有序思考。为突破这一教学重点，教师通过组织学生进行涂色游戏，引导学生探究简单事物的排列规律。使用白板中的“透视镜”“隐藏与显示”“拖动副本”等功能，让学生直观地体会有序思考的方法，从而找出简单事物的排列数。

2. 教学难点

教学难点为培养学生有序、全面地思考问题，做到不重复、不遗漏。为突破这一教学难点，教师组织学生摆数字卡片，帮助学生理解简单事物在搭配中的有序与无序的区别，学会全面、有序地思考问题。

四、学情分析

在平时的拓展教学中，学生了解过有序思考的方法，但没有系统地学习过排列数字，需要教师进行指导和点拨。二年级学生学习兴趣浓厚，喜欢思考，具有简单的分析、判断、推理能力，但注意力不够集中，合作意识不够强。本节课中，教师使用白板中的“透视镜”“聚光灯”工具，吸引学生的注意力，创设有趣的探究活动，激发学生的学习热情和参与课堂的积极性。

五、教学过程

1. 情境引入

环节目标：引发学生对两个数字的简单排列数的思考。

教师活动：出示课题，提出带学生到数学广角去逛一逛，但需要知道数学广角的密码。点击白板，取出“透视镜”，请一位学生在白板上移动“透视镜”，寻找密码提示信息（见图 1）。“透视镜”下显示三条数学信息——它是一个两位数；它是由 1 和 2 组成的；它是一个数与 7 相乘的积。先让学生猜测密码，再揭示正确密码，最终，师生成功进入数学广角。移动“聚光灯”，在“聚光灯”的指引下带学生了解整个游览行程中的 3 个“广角场所”。第一个是“聪明屋”，请学生一起来排列数字；第二个是“美术室”，请学生一起来涂颜色；第三个是“照相馆”，请学生一起来拍照，随即出示这节课的学习伙伴——哆啦 A 梦。

学生活动：猜测密码，进入数学广角，跟着教师的“聚光灯”了解 3 个“广角场所”。

技术应用：使用白板中的“隐藏与显示”功能和“透视镜”“聚光灯”工具，激发学生的好奇心。

图 1

教学反思：在这一环节中，将“透视镜”隐藏，点击显示后取出，让学生感受到“透视镜”的神秘，吸引学生的注意力，使学生快速地进入学习状态。

2. 合作探究

环节目标：了解有序思考的三种方法。

教师活动：在“聪明屋”摆数。出示三张卡片，三张卡片上的数字分别为 1、2、3。让学生思考，“这三张卡片能摆出几个两位数”。引导学生先独立思考，再与同桌进行交流，然后让学生尝试摆一摆数字卡片，将结果写在练习纸的第一题中。请 2 至 3 位学生上台摆一摆，展示方法并交流分析。最后和学生一起总结——“交换法”“固定十位法”“固定个位法”是不重不漏的有序思考方法。

学生活动：思考教师提出的问题，和同桌讨论，然后尝试用三张数字卡片摆一摆，2 至 3 名学生上台在白板上摆一摆，展示不同方法。

技术应用：使用白板中的“隐藏与显示”功能，直观地展示卡片上的数字；使用白板中的“笔”工具，圈出关键词；使用白板中的“拖动副本”功能，呈现学生的答题过程；使用白板中的“容器”功能，制作答题卡。

教学反思：在这一环节，白板中的“拖动副本”功能极大地提升了学生的学习兴趣，学生纷纷想上台展示，课堂气氛十分活跃。

3. 方法应用

环节目标：巩固有序排列组合的方法，让学生感受数学与生活的联系。

教师活动：在“美术室”组织“涂色”活动，提出问题，“用红色、黄色、蓝色3种颜色给地图上的两个区涂上不同的颜色，一共有多少种涂色方法”。引导学生独立思考，体会排列方式的不同。让学生解决“照相馆”中的合影问题，播放音乐，让学生在音乐声中给3只小羊排成一排，拍合照，并引导学生思考，“根据小羊排列顺序的不同，可以拍多少种不同的合照”。

学生活动：读题，分析题目关键词。一名学生上讲台尝试在白板上点涂东区、西区。帮助大家直观理解题意。全班学生独立完成涂色，并与小组同学交流，分析涂色方法。三位学生代表分别上台点击涂色方格，展示涂色方法。全班学生一起交流、评价，生生互动，调整并总结方法。依次上台在白板上拖动三只小羊，给它们排队、拍照。

技术应用：这个环节主要应用了“涂色”和“照相机”工具。

教学反思：区域涂色符合低年龄段学生喜欢涂涂画画的特点，在白板上直观地涂色，学生便于反馈和调整，直观巩固有序思想。这是其他课件、传统教学工具所不具备的。传统教学中，需要学生模拟拍照，或者拍照上传，但需连接网络，而白板自带的“照相机”工具，快捷、方便，尤其是可以事先将“照相机”工具放在工具栏里，课堂上应用就更加方便了，学生在课堂上惊呼，“真的在拍照呀”。这极大地激发了学生的学习兴趣，使其探究欲望更强（课堂上，大多数学生都举起手，想给小羊们排队、拍照）。学生整堂课都表现得兴趣盎然，积极参与课堂，弥补了低年龄段学生注意力集中时间短的缺点。将数学思想方法应用于生活实际，使学生通过练习，巩固固定首位法和交换法结合的有序思考方法。

教学小提示：涂色和拍照环节中，陆续指定学生上台进行有序涂色，并拖动3只小羊，使其依次有序排队，在游戏中，学生呈现了他们的排列思路和思考方式。对未完全理解有序思考方法的学生，可以通过解题指导的方式，帮助其巩固“固定首位法”和“交换法”，同时促进生板互动、生生互动。

4. 巩固知识

环节目标：教学建模，深化“固定首位法”。

教师活动：教师拉开“显露器”，展示数学广角3个地点的路线图（见图2），引导学生思考，“从‘聪明屋’到‘美术室’，再到‘照相馆’，一共有几种走法”，从而引导学生应用“固定首位法”，然后用“神奇墨水”工具展示数学模型，进行小结（见图 3）。

学生活动：学生思考后，展示自己的思考方法，然后上台用“笔”工具画一画路线，最后说说本节课的收获。

技术应用：用“笔”工具画路线，更方便师生互动、生生互动和及时反馈（见图2）。使用“神奇墨水”工具，展示数学模型，吸引学生关注模型，将数学思想模型化（见图 3）。

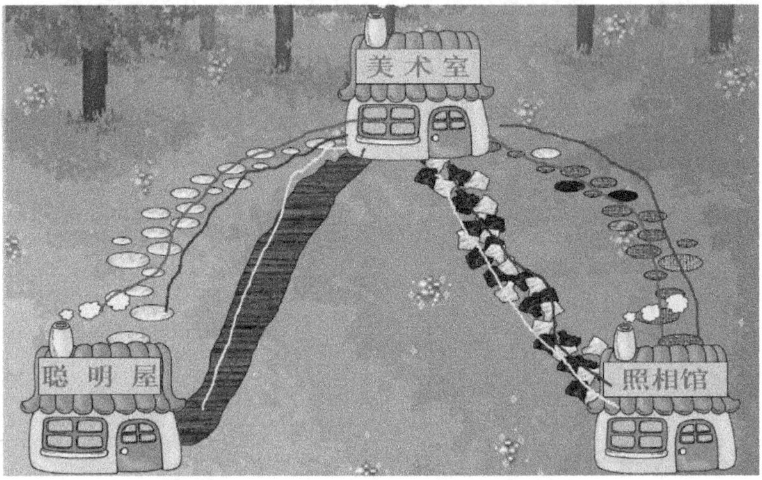

图 2

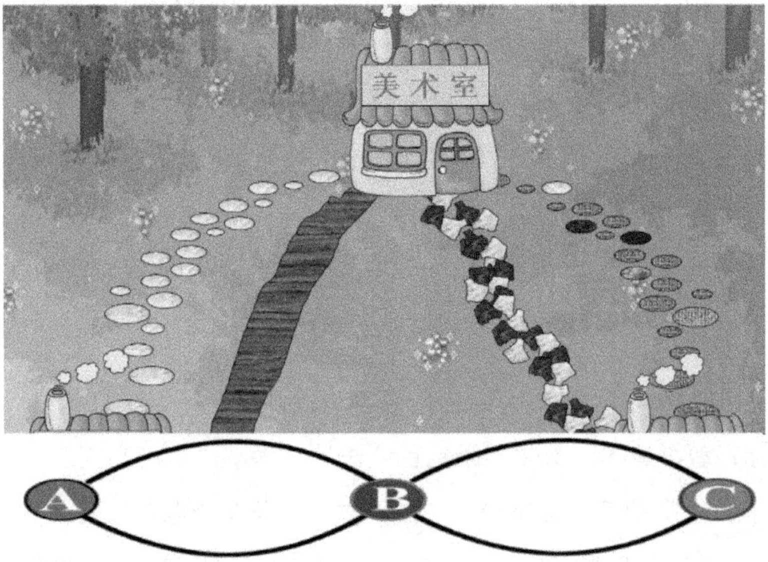

图 3

教学反思：白板中“笔”工具虽简单，但很强大，师生可以随时在白板上圈画，描线路，体现了强大的交互功能，是生板、生生、师生交互的实用工具。

教学小提示：这个环节充分运用了学习材料，将学生又拉回最开始的学习画面。在教学中，有的学生会重复画路线，这时可以提醒学生用不同的颜色标注路线，并使用数字标记出第几种路线，做到简单、明了。在寻找路线时，教师可以多让学生上台画路线，在不断纠错中，总结出有序思考方法。

六、教学技术应用及融合

教学流程	教学环节	技术应用
导入新课	情境引入	隐藏与显示、透视镜、聚光灯
课堂活动	合作探究	拖动副本、容器、笔、隐藏与显示
	方法应用	涂色、照相机
知识巩固	巩固知识	笔、神奇墨水

我是什么

一、基本信息

学科：语文

课程名：我是什么

课程章节：第一单元第 2 课

年级：二年级

教材版本：人教版

授课教师：袁佳颖

二、教学目标

1. 知识与技能

（1）了解生活中的水的三种形态（说明：课文中讲了水的四种形态，本节课只介绍三种）。

（2）掌握“晒”等 15 个生字。

（3）学会“海、洋、傍、作、变”5 个生字的写法。

2. 过程与方法

通过朗读和体会，初步区分水的不同形态。

3. 情感、态度与价值观

理解水与人类的密切关系。

三、教学重难点及突破措施

1. 教学重点

教学重点为认识水的三种形态。为突破这一教学重点，教师在白板中使用“透视镜”工具将水的三种形态进行展示，让学生通过自主操作来观察水的变化，从而吸引学生的注意力，引发学生思考。

2. 教学难点

教学难点为区分水的不同形态。为突破这一教学难点，教师使用白板中的“容器”功能，让学生自行将动词拖到相应的句子中，进行填空，寓教于乐，从而让学生体会动词的搭配。

四、学情分析

二年级的学生处于形象思维的认知阶段，还没有完全建立起对抽象思维的认知。他们对天气变化有一定的认识，但未必能够全面地理解，所以，在教学过程中需要出示大量的图片和视频，帮助他们理解。本篇课文中的句子虽然简单，但综合了科学知识和语文用语习惯两方面的内容，所以需要借助一些游戏教学生进行识字和朗读。在这节课中，教师利用白板中的“书写”“缩放”“拖曳”“隐藏与显示”“拖动副本”“橡皮擦”等功能进行教学，此外，在合理利用“资源库”的同时，结合小组合作法这一方法进行教学。

五、教学过程

1. 引入情境

环节目标：引发学生对“我”这个神秘嘉宾产生好奇心。

教师活动：告诉学生，课文中藏了一个爱变魔术的小伙伴，请学生来找一找，激发学生的好奇心。

学生活动：在教师的引导下认真寻找，踊跃回答。

技术应用：使用白板中的“插入媒体”功能，出示图片。

2. 揭示课题

环节目标：导入新课。

教师活动：在白板上展示三张图片，让学生尝试着说一说它们的共同点。然后得出结论——它们都是由水构成的。

学生活动：观察图片，思考它们的共同点，并说出自己的想法。

技术应用：使用白板中的“透视镜”工具，将水的三种形态展示出来。

教学反思：通过使用白板中的“透视镜”工具，让学生直观地看到水的三种形态，从而使学生快速地将生活与本节课所学内容建立直接的联系。

3. 多样化识字，认读多音字

环节目标：认读课文生字，读准翘舌音、后鼻音和多音字。

教师活动：把需要认读的生字以“生字苹果”的形式放在生字树上，让学生以“摘苹果”的方式一边拖动，一边认读（见图1）。将几个需要重点认读的汉字藏在池塘图片的背后，然后把这些汉字一一“请”出来，让学生认读、组词（见图2）。

图1

图2

学生活动：上台认读生字，一边拖动树上的“苹果”，一边认读生字，比一比谁摘的“苹果”最多。

技术应用：使用白板中的“拖曳”和“拖动副本”功能，让学生自主获得新知。

教学反思：在以往的教学中，学生都是坐在座位上跟着课件的顺序进行生字认读，学习较被动。使用白板进行教学，能让学生走上讲台，动手操作，手脑并用地认读生字，提高了学生的参与度，也大大增强了学生对认读生字的热情。

4. 研读课文，指导朗读

（1）研读课文

环节目标：初步养成圈画重点字词的习惯。

教师活动：请学生进行小组合作学习，一边读课文，一边在课文中找出水的三种形态的变化，并把相应的变化条件找出来。然后让学生在白板上将关键词句圈画出来。

学生活动：进行小组合作学习，朗读课文，并寻找水的三种形态及变化条件。在白板上将关键词句圈画出来。

技术应用：使用白板中的“笔”工具，将重点字词圈画出来。

教学反思：在白板上对课文进行圈画、修改，能够给学生带来不一样的感官体验。

（2）指导朗读

环节目标：掌握动词的搭配。

教师活动：让学生使用白板中的“容器”功能进行填空，自主将动词移入相应的括号中，并说明原因。

学生活动：上台将三个动词移入相应的括号中，并说明原因。

技术应用：使用白板中的“容器”功能，让学生在白板上搭配词句。

教学反思：这一环节，让学生在具体操作中直观地感受到了动词的搭配，也让原本枯燥的学习内容变得更加直观、有趣，从而提高了学生的课堂参与度和积极性。

5. 偏旁搭配，认读形声字

环节目标：学习形声字的构字特点，并掌握相关规律。

教师活动：通过“魔法转换”的方法将“及”“旁”“羊”三个字转变为“极”“傍”“洋”三个新字（见图3），引导学生观察、思考，从而引出形声字的形旁和声旁的规律。

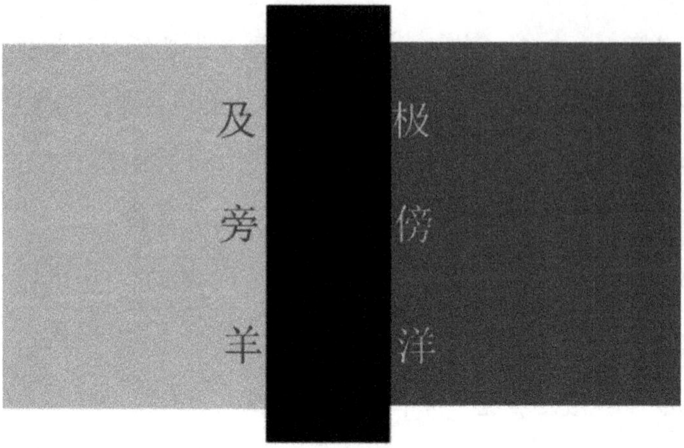

图 3

学生活动：在教师的演示下发现三个字的变化规律，区分三个形声字的形旁和声旁，并认真书写。

技术应用：使用白板中“魔法转换”工具，让学生更直观地感受到形声字的造字规律。

教学反思：在白板的“魔法转换”工具的帮助下，教师能够让学生直观地看到这些字从单独的“声旁字”转变为完整的“形声字”的过程，这一转换对学生而言更加直观、生动，也更加便于理解，这是一种新的学习方式，增加了课堂的趣味性，也增强了学生的学习动力。

六、教学技术应用及融合

教学流程	教学环节	技术应用
导入新课	引入情境	插入媒体
课堂活动	揭示课题	透视镜
	多样化识字，认读多音字	拖曳、拖动副本
	研读课文、指导朗读	笔、容器
知识运用	偏旁搭配，认读形声字	魔法转换

秒的认识

一、基本信息

学科：数学

课程名：秒的认识

课程章节：第一单元第 1 课

年级：三年级

教材版本：人教版

授课教师：王文亮

二、教学目标

1. 知识与技能

（1）了解时间单位“秒”。

（2）知道“1 分 =60 秒”。

2. 过程与方法

通过多种形式感受 1 秒、10 秒、30 秒、1 分有多长，初步建立分、秒的时间观念。

3. 情感、态度与价值观

养成珍惜时间的意识与习惯。

三、教学重难点及突破措施

1. 教学重点

教学重点为从各个不同的层面来感受“秒”。为突破这一教学重点，教师使用白板中的“隐藏与显示”功能，让学生对钟表有一定的认识，然后引导学生自主做一个完整的钟面。在认识钟面后开始学习“秒”，由学生自主观察，教师适当引导。

2. 教学难点

教学难点为探究秒针的计时方法，得出“1 分＝ 60 秒”的结论。为突破这一教学难点，教师引导学生基于整时和分的知识经验，自主探究，认识秒针，得出计时方法。并使用白板中的“时钟”工具，和学生一起做“根据整时调时间，根据时间调整时”的游戏。

四、学情分析

由于年龄特征及生活经验的限制，学生对秒的认识并不确切。时间单位之间的换算比较复杂，这对小学生而言有一定的难度。因此，在教学中，教师应注重教学材料的选择及呈现方式，注意结合学生的生活经验，力求让他们在实际情境中体会时、分、秒的实际意义，掌握有关时间的知识，丰富学生对时间观念的感性认识。

五、教学过程

1. 揭示课题

环节目标：加强学生的信息获取能力，引入时间单位“秒”。

教师活动：和学生一起，通过倒计时来开始本节课，然后提出问题，“每数一个数用了多长时间”，导入本节课的主题。

学生活动：和教师一起倒计时，并思考教师提出的问题。

教学反思：通过情境导入新课，激发学生的学习兴趣，拉近了学生与数学的距离，自然而然地引出了时间单位“秒”。

2. 认识“秒”

环节目标：加深对“秒”的认识。

教师活动：让学生观察秒针的运动，让学生感觉“秒”是可以看到、听到、感受到的，鼓励学生思考秒针走一小格、一大格、一圈分别用了多长时间。

学生活动：观察钟面上的秒针是如何运动的，看看有什么发现，能得出什么结论。先在小组内进行讨论，然后全班进行交流。请学生在白板上转动秒针，并仔细观察。

技术应用：使用白板中的“书写”功能和“绘图”工具，让学生自己总结和修正。

教学反思：此环节通过展示生活中有关“秒”的画面，让学生了解生活中的“秒”，开阔了他们的眼界，激发了学生学习“秒”的欲望。

3. 知道 1 秒是多长时间

环节目标：建立“秒”和“分”的关系。

教师活动：让学生感受钟面上的秒针转动一圈所用的时间，再让学生说出自己认为1分钟能完成的事情。引导学生跟着大屏幕上的秒针，用自己喜欢的声音、动作表示每1秒，再请一位学生上台，背对大屏幕，单独打出“1秒、1秒”的节奏。

学生活动：感受钟面上的秒针转动一圈所用的时间，并观察秒针转动一圈时分针的变化，说出自己认为1分钟能完成的事情，用自己喜欢的声音、动作表示每1秒。小组合作，仔细观察钟面，交流汇报。

技术应用：使用白板中的“隐藏与显示”和“书写”功能，让学生直观地感受“秒”的存在。

教学反思：在这一环节中，引导学生在做中想，想中学，亲身经历知识习得的过程。

4. 联系实际，巩固提升

环节目标：通过练习，巩固知识。

教师活动：组织学生进行有层次的练习——基础练习、综合应用、趣味智力题。

学生活动：在教师的引导下进行练习。

技术应用：使用白板中的“时钟”工具，在屏幕上旋转时针和分针。

教学反思：设计练习一定要与学生的实际生活相联系，让学生感受到生活中处处有数学，激发学生学习数学的兴趣。

六、教学技术应用及融合

教学流程	教学环节	技术应用
导入新课	揭示课题	无
课堂活动	认识“秒”	书写、绘图
	知道1秒是多长时间	隐藏与显示、书写
知识运用	联系实际，巩固提升	时钟

制作电子贺卡

一、基本信息

学科：信息技术

课程名：制作电子贺卡

课程章节：第三单元第 15 课

年级：三年级

教材版本：浙江摄影出版社出版

授课教师：王蜜雯

二、教学目标

1. 知识与技能

学会制作电子贺卡。

2. 过程与方法

（1）通过小组合作、集体讨论等方式，利用信息技术工具解决生活中的问题，真正做到将信息技术应用于日常生活中。

（2）通过自主选取常见的信息技术工具创造性地解决制作过程中出现的各种问题，完成学习任务，提高创作能力。

3. 情感、态度与价值观

合理利用信息化资源，将信息技术应用到日常生活中。

三、教学重难点及突破措施

1. 教学重点

教学重点为电子贺卡的制作。为突破这一教学重点，教师使用白板中的多种功能，激发学生制作电子贺卡的兴趣，引导学生创作出有特色的电子贺卡。

2. 教学难点

教学难点为对两种画图软件的综合应用。为突破这一教学难点，教师引导学生进行自主探究，总结这两种画图软件的优缺点，从而使学生灵活地运用这两种画图软件。

四、学情分析

本节课是三年级上册第三单元的第 15 课内容，也是本教材的最后一节课，本节课强调的是对知识点的整合及综合运用。

目前学生已经学会了“金山画王”和“画图工具”的使用方法，具备简单的操作能力和信息技术作品欣赏能力。学生目前存在的主要问题是画图技能的单一性，无法实现多个软件的综合应用。

五、教学过程

1. 揭示课题

环节目标：导入新课，揭示生活中贺卡的妙用。

教师活动：首先播放春节贺岁类音乐（见图 1），让学生猜测该音乐符合哪个节日的氛围，从而引出贺卡。接着出示生活中的传统贺卡与电子贺卡的图片（见图 2），请学生比较两者在材质、保存期限、内容上的相同点或不同点，引导学生明确电子贺卡的优势和意义。

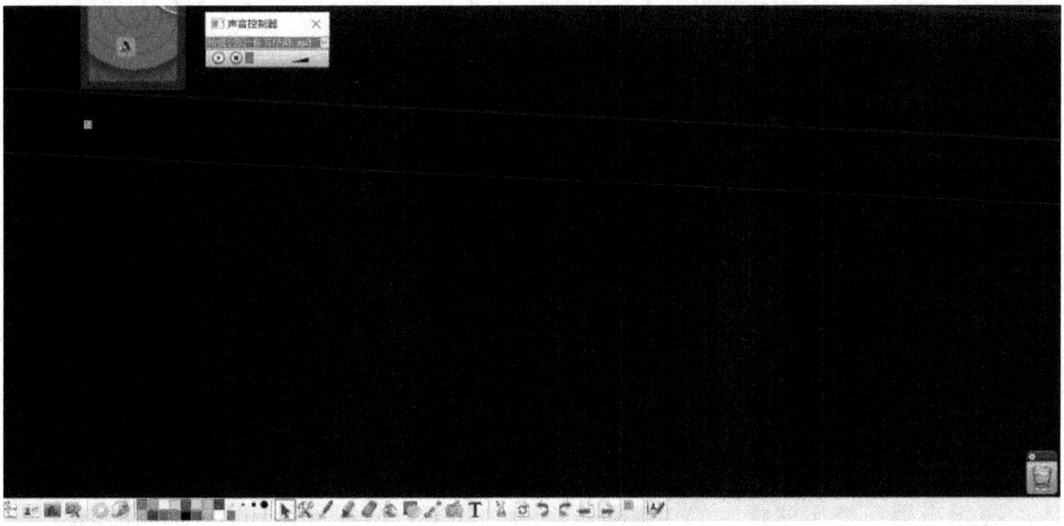

图 1

图 2

学生活动：先聆听音乐，猜测节日，然后对比传统贺卡与电子贺卡的区别，并分组讨论，最后用白板中的“笔”工具写出自己的想法，了解电子贺卡的优势。

技术应用：使用白板中的“插入媒体”功能播放音乐，调节课堂气氛，引入新课；使用白板中的“聚光灯”工具，有效地吸引学生的注意力；使用白板中的“笔”工具，便于学生分享观点。

教学反思：播放音乐时，要对播放进度进行控制，避免时间过长。“手写体识别”工具在识别过程中会出现识别不准确的情况，此时也可采用文本工具，让学生直接输入相关文字。

2. 电子贺卡的内容及制作工具

环节目标：规划电子贺卡的内容。

教师活动：出示电子贺卡，让学生观察，提出问题，“电子贺卡包括哪几部分内容”。接着提出问题，“每一部分的内容可以用我们学过的哪些软件或者工具进行制作”。最后明确电子贺卡的组成部分及对应的制作工具（见图 3）。

学生活动：观察教师出示的电子贺卡，进行小组讨论，归纳电子贺卡的组成部分及制作工具。

技术应用：使用白板中的“隐藏与显示”功能，随机展示内容；使用白板中的“笔”工具，便于学生交流；使用白板中的“突出显示器”工具，突出本节课的重点。

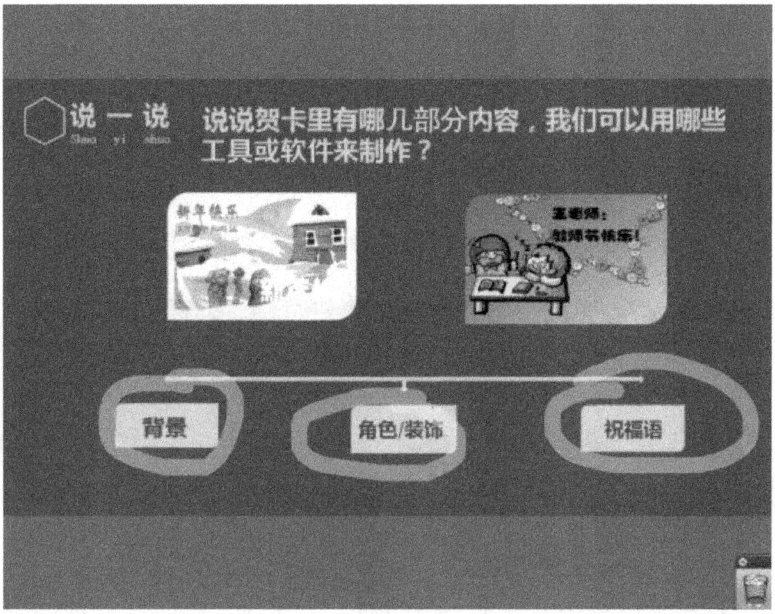

图 3

教学反思：为了让每一位学生清晰地观察到电子贺卡每部分的内容，可利用白板中的“组合”和“拖曳”功能，将贺卡分离出来，并重新组合，让学生在组合过程中明确电子贺卡的组成部分。

3. 闯关活动 1——图像处理

环节目标：独立完成电子贺卡的图像部分的制作。

教师活动：引出画图软件，让学生使用画图软件对电子贺卡的背景和角色进行填充。和学生一起制作部分图像，再让学生自己独立完成剩下的图像。

学生活动：使用画图软件对电子贺卡的背景和角色进行填充，和老师一起制作部分图像后，独立绘制剩下的图像。

技术应用：使用白板中的“屏幕记录器”工具，记录基础操作步骤；使用白板中的“纸条”功能，将操作时的易错步骤滚动播放，加深学生印象；使用白板中的“计时器”工具，培养学生的时间观念。

4. 闯关活动 2——文字处理

环节目标：明确文字对于电子贺卡的重要性。

教师活动：引导学生讨论、分析，提出还需要在电子贺卡上书写文字，让学生探索添加文字的多种方法。并通过比较各种软件的优缺点，选择合适的画图软件进行文字的书写。

学生活动： 讨论与评价半成品绘画作品的优缺点，并运用画图软件添加文字，对作品进行完善。

技术应用： 使用白板中的“计时器”工具，让学生有一定的时间观念（见图 4）。

图 4

5. 亮出作品，分析评价，扩展知识

环节目标： 学会正确欣赏作品，了解贺卡的历史演变过程。

教师活动： 先拍摄学生的作品并展示。然后出示评价标准，让学生对作品进行分析和评价。请各组派代表进行参赛，引导全班学生利用“投票器”进行选择，决出 1 ～ 3 名优胜者。最后，讲解贺卡的历史演变过程，进行知识拓展。

学生活动： 先思考，然后分组讨论作品的优缺点，推选优秀作品，根据自己的评价标准对喜爱的作品进行投票，最后了解贺卡的历史演变过程。

技术应用： 使用白板中的“投屏”功能，实时上传学生的作品，便于全体学生进行欣赏和评价；使用白板中的“投票器”工具，进行作品的选择。

六、教学技术应用与融合

教学流程	教学环节	技术应用
导入新课	揭示课题	插入媒体、聚光灯、笔
课堂活动	电子贺卡的内容及制作工具	突出显示器、笔、隐藏与显示
	闯关活动 1——图像处理	屏幕记录器、纸条、计时器
	闯关活动 2——文字处理	计时器
拓展延伸	亮出作品，分析评价，扩展知识	投票器、投屏

信息交流方式

一、基本信息

学科：信息技术

课程名：信息交流方式

课程章节：第一单元第 1 课

年级：五年级

教材版本：浙江摄影出版社出版

授课教师：陶思晨

二、教学目标

1. 知识与技能

（1）了解信息交流方式的变化。

（2）掌握常见的信息交流方式及其特点。

2. 过程与方法

通过小组讨论，了解常用的网络交流方式。

3. 情感、态度与价值观

在网络交流中做到文明用语，注意网络礼仪，自觉遵守《网络文明公约》。

三、教学重难点及突破措施

1. 教学重点

教学重点为掌握常见的信息交流方式及其特点。为突破这一教学重点，教师组织学生从“你来比划我来猜”的游戏中体会生活中的信息交流方式。教师引出课题后，通过列举视频中出现的信息交流方式，引导学生区分古今信息交流方式的差异，并请学生对视频中未出现的信息交流方式进行补充说明。

2. 教学难点

教学难点为概括信息交流方式的特点。为突破这一教学难点，教师将课堂的主动权完全交给学生，让他们通过小组合作探究的方式，讨论某一种信息交流方式的优势与劣势，总结、概括和提炼信息交流方式的特点。

四、学情分析

本节课面向的是五年级的学生，他们已经具备了一定的计算机基础，也具有较强的信息技术学习能力与应用能力。他们对于现代的信息交流方式了解较多，但对古代的信息交流方式了解较少。

本节课从日常生活中的各种信息交流方式到网络交流方式，比较系统地介绍了信息交流的方式，使学生对信息交流有一个整体认识，并帮助学生认识信息交流方式的发展历程。本节课是“网络交流”这一单元的第 1 课，概念性的内容比较多，为避免枯燥的说教，可采用游戏、实际体验等多种形式，让学生主动参与到课堂活动中来。

五、教学过程

1. 揭示生活中的信息交流方式

环节目标：调动学生的积极性，导入新课。

教师活动：组织游戏“你来比划我来猜”。由学生自愿参与游戏，每一轮游戏共 3 人参加，其 1 人当裁判，2 人进行游戏，一人用语言或肢体动作来描述词语（不能说出词语中的任何一个字），另一人猜出这是什么词语，正确猜出词语个数最多的小组获胜。游戏结束后，教师提出问题，“通过浏览课题名称，你觉得这个游戏的‘信息’是什么？‘交流方式’又是什么”。

学生活动：参与游戏，思考教师提出的问题，并回答。

技术应用：使用白板中的“透明度”功能，将每一个序号对应的文本的透明度设置为 100。使用白板中的“计时器”工具，控制游戏时间（见图 1）。

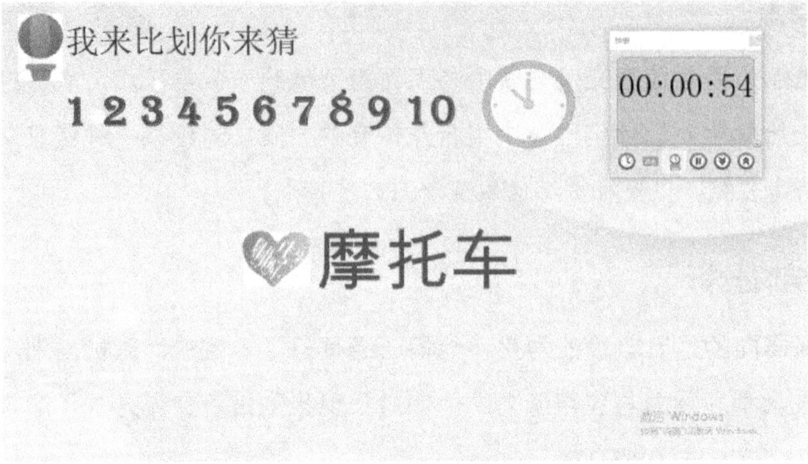

图 1

教学反思：游戏结束后，通过两个问题引发学生思考，继而引出课题，充分体现了“以学生为主体”的教学理念。

教学小提示：在游戏过程中，教师要注意把控课堂纪律，且台下的学生不能给台上参与游戏的学生任何提醒。

2. 了解信息交流方式的“前世与今生”

环节目标：了解信息交流方式的发展历程。

教师活动：先出示问题（见图 2），再播放视频，引导学生带着问题看视频。在学生回答问题的过程中，教师要加以鼓励，并进行补充说明。

图 2

学生活动：认真观看视频，观察视频中出现的各种信息交流方式。通过的“书写”

功能将问题的答案写在白板上，由其他同学进行补充说明。

技术应用：使用白板中的“插入媒体”功能，播放视频。使用白板中的“书写”功能和“突出显示器”工具（见图3），不仅能让教师方便地记录学生在观看视频后的所思所想，也方便学生汇报三个问题的答案。

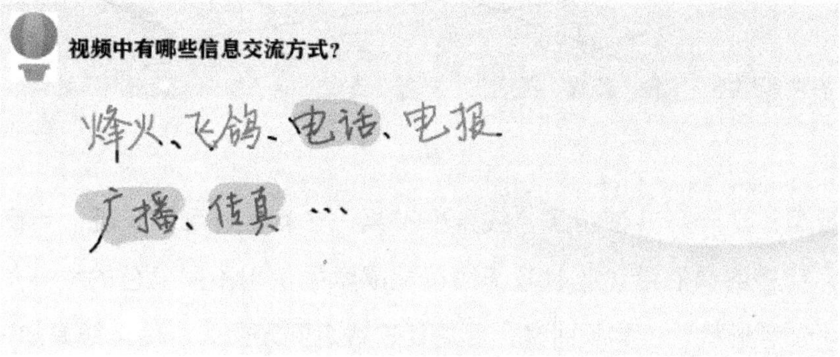

图3

教学反思：该环节旨在让学生通过观看视频了解信息交流方式的发展历程。学生不仅要会“看”，还要会“记”，会“思考”。视频中出现的信息交流方式有烽火狼烟、飞鸽传书、刻字、长跑（八百里加急）、电报、电话、传真、广播、网络等。其中刻字和长跑是学生在观看视频时比较容易忽略的信息交流方式，电报和传真是学生容易混淆的信息交流方式，教师可以通过回放部分视频片段来加深学生印象。

教学小提示：在使用白板中的“插入媒体”功能时，插入的视频应为“MP4”等主流视频格式。由于本环节播放的视频是腾讯视频格式，在播放时跳转到了腾讯视频客户端，并未实现直接播放的效果。

3. 了解多种信息交流方式

环节目标：了解多种信息交流方式。

教师活动：发布“小组任务单1”，让学生通过“连一连”的方式将几种信息交流方式与其对应的图片相连。请一位同学在白板上进行连线，教师讲解并评价。

学生活动：依据以往的经验及视频中的内容将信息交流方式及其对应的表现形式相连。

技术应用：使用白板中“线条”工具，将信息交流方式与其对应的表现形式相连（见图4）。

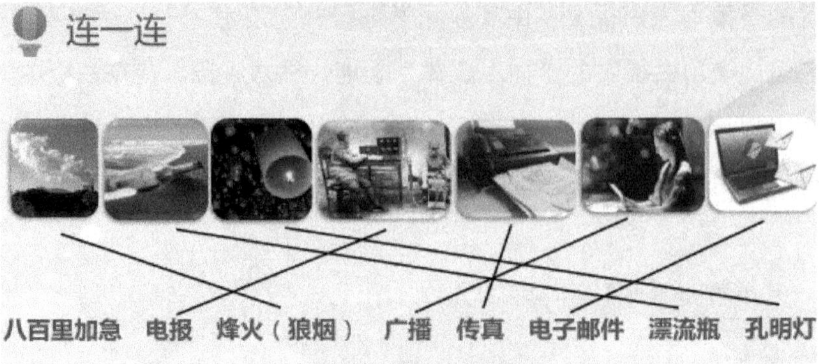

图 4

教学反思： 这一环节使用了“线条”工具，在教学过程中发现，用同种颜色的线条连线，比较容易混淆。此时教师可以提醒学生使用不同颜色的线条加以区分，或者使用“任意形状”工具画曲线，尽量让连线之间无交叉，使连线更加清晰。

4. 探究信息交流方式的优缺点

环节目标： 列举某一特定信息交流方式的优缺点。

教师活动： 发布“小组任务单 2”，让学生在 3 分钟内完成小组讨论，归纳信息交流方式的优缺点，并请学生代表进行总结、汇报，其他同学进行补充、评价。

学生活动： 自主选择其中一种信息交流方式，通过小组讨论、上网查阅资料等多种方式了解该信息交流方式的优缺点，归纳、总结并加以记录，派一位代表上台汇报。

技术应用： 使用白板中的“手写识别”功能，因为学生在白板上书写时速度较慢，“手写识别”功能可以很快地识别出手写字体，并转换成文字。

教学反思： 由于课堂时间有限，提醒学生注意提炼答案，将重要部分摘录下来。

六、教学技术应用及融合

教学流程	教学环节	技术应用
导入新课	揭示生活中的信息交流方式	透明度、计时器
课堂活动	了解信息交流方式的“前世与今生”	插入媒体、书写、突出显示器
	了解多种信息交流方式	线条
合作探究	探究信息交流方式的优缺点	手写识别

机械摆钟

一、基本信息

学科：科学

课程名：机械摆钟

课程章节：第三单元第 5 课

年级：五年级

教材版本：教科版

授课教师：丁洁琼

二、教学目标

1. 知识与技能

（1）知道同一个单摆每摆动一次所需的时间是相同的。

（2）了解“摆”的等时性。

2. 过程与方法

通过小组合作设计单摆等时性实验，体会重复实验的重要性。

3. 情感、态度与价值观

养成严谨的科学态度，感受到将科学原理应用于科技创新的魅力。

三、教学重难点及突破措施

1. 教学重点

教学重点是认识摆具有等时性，学会操作摆。为突破这一教学重点，教师引导学生在探究中学习，体现了“以生为本”的教学理念。并将摆模型移到白板中，用定点旋转的方法进行演示、记录。

2. 教学难点

教学难点是发现摆的等时性。为突破这一教学难点，教师让学生进行操作实验，引导学生发现摆的等时性，并上台填写答案。教师将答案汇总，并使用白板中的“照相机”工具将答案贴到新的页面中，再从“资源库”中调取资源，分析数据，最后得出结论。

四、学情分析

从科学史上看，伽利略在观察教堂吊灯时，无意中发现了摆的等时性，继而进行研究。荷兰科学家惠更斯在此基础上不懈努力，发明了机械摆钟，大大提高了计时的准确度。为了能让学生走进历史，学习科学家的探索精神，本节课适当弱化了“计时工具的发展”这条支线，而是以科学史上观察到的摆动现象为抓手，进行教学。

五年级的学生分析能力不够强，需要教师引导。又因为实验器材很小，学生有可能看不清楚，将实验器材在白板上展现，能够解决这一问题。为了培养学生学习的独立性和自主性，教师还可以利用白板中的多种工具进行教学，同时合理利用资源库，结合观察法、小组讨论法、练习法、探究实验法等教学方法，突破教学重难点，达成教学目标。

五、教学过程

1. 揭示生活中的“摆”现象

环节目标：揭示生活中的“摆”现象。

教师活动：首先出示荡秋千的图片，唤起学生儿时的记忆，接着出示生活中的吊灯图片，请学生比较秋千和吊灯在结构和运动形态上的相同之处（见图 1），最后出示摆的模型。

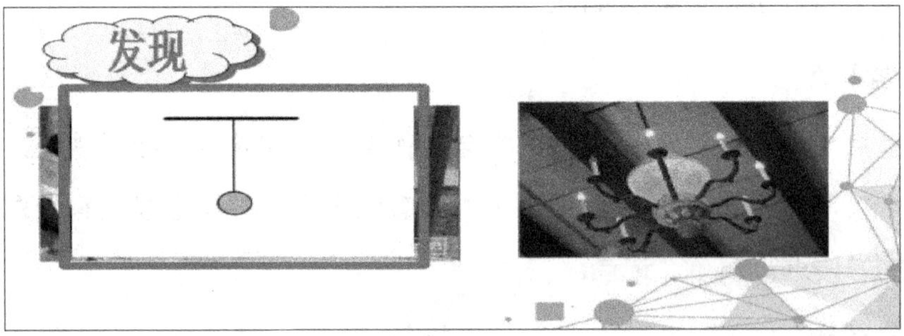

图 1

学生活动：在观察秋千和吊灯的图片后，思考并分组讨论它们的相同之处，用笔圈画出自己的想法。接着由一位学生上台拖曳白板中的“透视镜”，找到其中的秘密，了解今天所要研究的主题（见图 2）。

图 2

技术应用：使用白板中的“书写”功能，让学生上台来圈圈、画画；在揭示主题时用到了“透视镜”工具，让学生快速地将生活中的实物与模型建立了直接的联系。

教学反思：这一环节从生活中熟悉的物体入手，引入主题，让学生去寻找秋千和吊灯在结构和运动形态上的相同之处，从而引出摆的模型，为后面的环节打下基础。

教学小提示：在出示吊灯前，可以先用幕布将吊灯遮住，将学生的注意力集中在秋千上，然后显示吊灯，让学生将两者进行比较。在比较完相同点后，出示摆的图片，让学生快速地将生活中的实物和模型联系起来。

2. 做一个摆，观察摆的结构及运动特点

环节目标：自制摆，了解摆的结构。

教师活动：出示材料，让学生分组制作一个简单的摆。接着提出问题，让学生观察摆在摆动过程中的变化，引导学生主动尝试、观察、交流。

学生活动：使用教师提供的材料，小组合作完成摆的制作，尝试让摆运动起来。

技术应用：使用白板中的“拖动副本”功能，轻松展示多个摆；使用白板中的“组合”和“定点旋转”功能，模拟真实的摆。

教学反思：用白板中的“组合”和“定点旋转”功能，模拟真实的摆，能够帮助学生更好地理解和分析摆的结构及运动特点。因为实物太小，按照传统的授课方式，教师只能直接在讲台上演示真正的摆，但台下很多学生看不清楚。真实的摆摆动较快，学生很难观察到摆的运动细节，而“定点旋转”功能可以反复演示摆的摆动过程，同时也可以将摆停留在某点上，由教师进行讲解。

教学小提示：在交流摆的摆动规律时，请一位学生上台操作白板上的摆，边操作、边讲解，这样其余学生能够更直观地理解这一知识点。

3. 设计探究实验，探究摆的运动规律

环节目标：设计探究实验，并完善实验设计。

教师活动：从前面的问题中引出实验验证法，让学生进行小组讨论，制定实验计划。为了确保实验的准确性，教师和学生合作演示一遍实验。最后出示实验单（见图 3），让学生边做实验，边记录实验结果。

摆动次数的观察记录

小组	0—10秒	10—20秒	20—30秒	30—40秒
第1组				
第2组				
第3组				
第4组				
第5组				

图 3

学生活动：根据需要研究的问题，分组讨论实验计划的制订。在教师的引导下，全班一起参与实验计划的交流和补充，共同制订一个实验计划。最后分组完成实验，并做好实验记录（见图 4），为后期的汇报做准备。

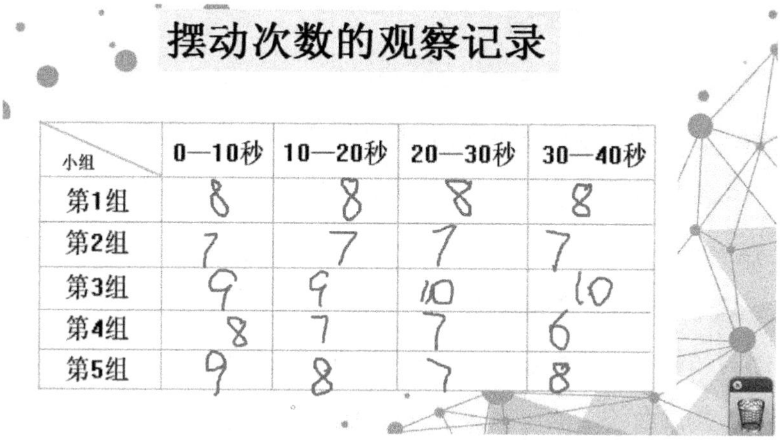

摆动次数的观察记录

小组	0—10秒	10—20秒	20—30秒	30—40秒
第1组	8	8	8	8
第2组	7	7	7	7
第3组	9	9	10	10
第4组	8	7	7	6
第5组	9	8	7	8

图 4

技术应用：使用白板中的“书写”功能，可以方便地记录学生在交流时的想法，也便于学生汇报本组的实验数据。

教学反思：使用白板中的“书写”功能，让汇报变得更加自主，也节约了课堂时间。当学生重新做实验，需要修改数据时，可以主动上台来修改，体现了“以生为本”的教学理念。

4. 分析数据，形成结论

环节目标：得出实验结论，了解摆的等时性原理。

教师活动：经过对实验数据的分析，让学生明白摆在相同时间内摆动的次数是相同的，进而得出摆的等时性原理。

学生活动：从数据中寻找信息，进行分析，了解数据所代表的含义。接着在教师引导下得出结论，了解等时性原理。

技术应用：使用白板中的“照相机”工具，随机截取课件中学生的数据；还利用了“资源库”功能，直接拖动表格到新建的页面中，非常方便。

教学反思：使用白板中的“照相机”工具和“资源库”功能，让课堂交流更加顺畅。使用“照相机”工具能够随机截取课件中学生的数据，凸显了重点。使用“资源库”功能，可以直接拖动所需的资源到页面中，还可以直接在课堂上制作课件，实现随机教学。

5. 观察摆钟的结构及摆动特点

环节目标：知道生活中的计时工具——机械摆钟也遵循等时性原理。

教师活动：将摆的等时性原理和生活中的计时工具联系起来，引发学生思考。从“资源库”中拖出摆钟视频，让学生观察摆钟的结构，并和学生一起数摆钟的摆动次数，得出结论——机械摆钟也遵循摆的等时性原理。将摆的等时性原理进行延伸，并表示，希望学生能在课后继续研究摆及其应用。

学生活动：和教师一起数数，交流机械摆钟的等时性规律。

技术应用：使用白板中的“资源库”功能，将视频拖动到页面中。

教学反思：通过视频解决学生无法在课堂上看到真正的机械摆钟的问题。

教学小提示：出示两个 1 分钟摆动次数不同的机械摆钟，引发学生思考“为什么有的机械摆钟 1 分钟摆动 30 次，而有的机械摆钟一分钟却能摆动 60 次”，为下节课作铺垫。

六、教学技术应用及融合

教学流程	教学环节	技术应用
导入新课	揭示生活中的“摆”现象	书写、透视镜
课堂活动	做一个摆，观察摆的结构及运动特点	拖动副本、组合、定点旋转
	设计探究实验，探究“摆”的运动规律	书写
	分析数据，形成结论	照相机、资源库
拓展延伸	观察摆钟的结构及摆动特点	资源库

管理时间财富

一、基本信息

学科：心理健康

课程名：管理时间财富

课程章节：第三单元第 5 课

年级：六年级

教材版本：浙教版

授课教师：汪璐冰

二、教学目标

1. 知识与技能

（1）掌握时间管理的“四象限”法则。

（2）学会根据事件的重要程度和紧急程度来安排个人的学习和生活。

2. 过程与方法

通过情境体验，发现时间管理的重要性和必要性，学会科学、合理地管理时间。

3. 情感、态度与价值观

树立良好的时间观念，养成时间管理的好习惯。

三、教学重难点及突破措施

1. 教学重点

教学重点为认识时间管理的重要性，掌握时间管理的“四象限”法则。为突破这一教学重点，教师采用谜语导入“时间”这一概念，并使用白板中的“隐藏与显示”功能揭示谜底，在总结与讨论环节，使用白板中的“容器”功能进行归纳总结。

2. 教学难点

教学难点是学会根据事件的重要程度和紧急程度来安排个人的学习和生活。为突破这一教学难点，教师使用了白板中的“容器”功能，让学生进行自主探究，在坐标轴上的“重要程度”和“紧急程度”两个维度上对事件进行划分，并根据日常学习和生活中的实际情况加以说明，引导学生在活动中体验时间管理的过程，促进学生对学习内容的进一步理解。

四、学情分析

六年级学生临近毕业，学习任务和难度都有所加重，很多学生没有清晰的时间概念，他们常常觉得时间很有限，可是回顾一天的学习活动时，又经常不知道自己在忙什么。有的学生不知道该怎么安排学习和活动；有的学生虽有自己的安排，但由于把学习时间规划得太过形式化，结果往往无法实施。因此，引导六年级学生科学规划自己的时间，对于提升学生的学习效率和学习信心都是十分有意义的。

六年级学生具有初步的自我意识，教师要转变角色，鼓励学生发挥其主体性。为了培养学生学习的自主性和能动性，教师使用白板中的多种功能进行教学，结合观察法、小组讨论法等教学方法，突破重难点，达成教学目标。

五、教学过程

1. 猜谜语

环节目标：发现时间的特点，认识到时间管理的重要性。

教师活动：出示谜语，引导学生思考，然后归纳时间所具有的特点，引入“时间”主题，并点明时间管理的重要性。

学生活动：在猜谜语的过程中，用白板中的“突出显示器”工具圈出谜语中的关键信息，接着利用白板中的“隐藏与显示”功能揭示谜底，了解今天所探讨的主题。

技术应用：使用白板中的“突出显示器”工具，让学生主动捕捉关键信息；使用白板中的“隐藏与显示”功能（见图 1），揭示主题。

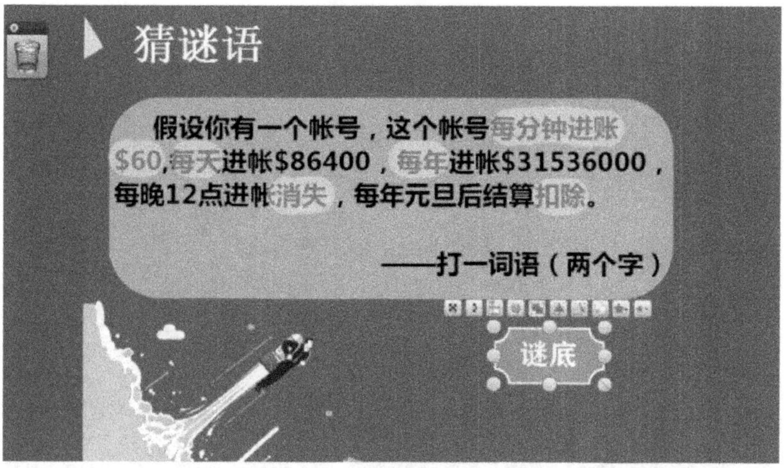

图 1

教学反思：在这一环节，让学生来圈圈画画，体现了学生学习的主动性，将抽象的时间概念用具体的数字表现出来，丰富了学生的感受。

2. 案例分析，探索理论

环节目标：掌握时间四象限法则。

教师活动：呈现某学生学校活动的时间线，从重要程度和紧急程度两个维度引导学生探究和讨论，并请学生上台对事件进行筛选和归类（见图 2 和图 3）。最后，引导学生归纳出时间四个象限的特点，请学生思考如何对时间进行高效管理。

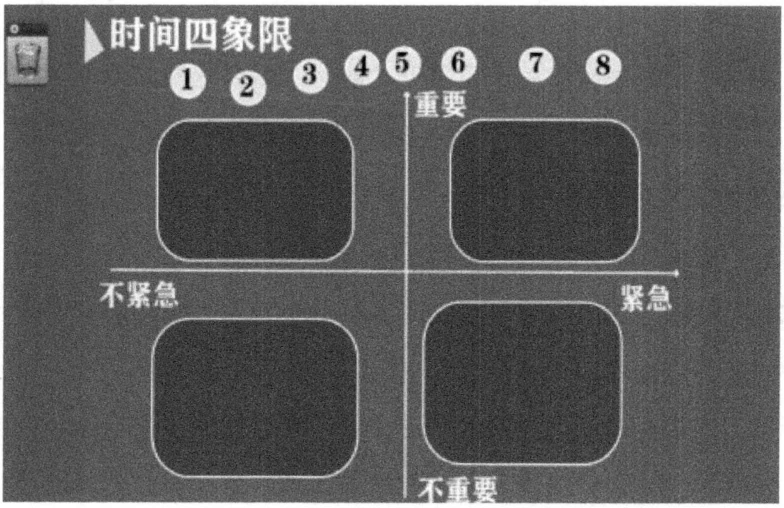

图 2

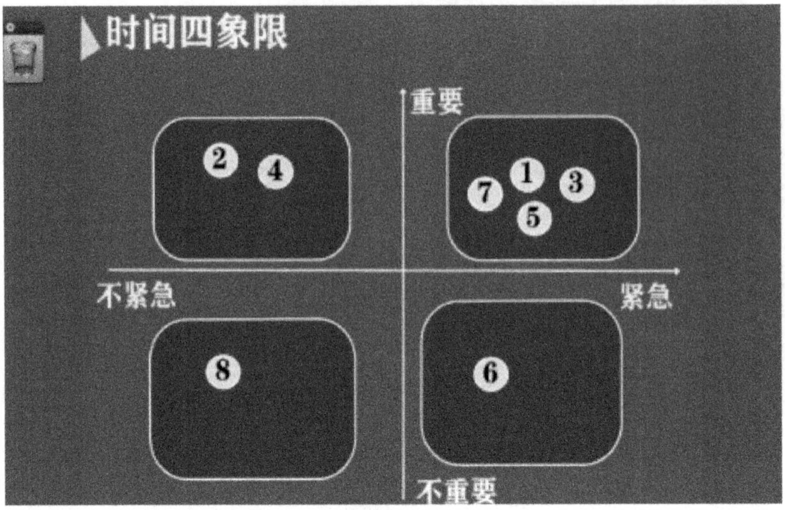

图 3

学生活动：先根据教师提供的材料进行自主探究，然后进行小组讨论，完成对事件的划分，最后上台进行分享和交流，并在该过程中逐步归纳出时间四象限的特点。

技术应用：使用白板中的“容器”功能，让学生上台对事件进行归类。

教学反思：在以往的教学过程中，学生分组讨论后由学生代表上台发言，但是仅局限于“说”。这节课使用白板中的“容器”功能，让学生在交流时，又“说”又“动”，通过拖动事件，将讨论结果动态呈现。这样的操作能让上台展示的学生获得更直观的认知，亦能出现生成问题；对其他学生而言，在视觉和听觉上都能得到感知，从而加深对所学知识的印象。

教学小提示：使用白板中的“容器”功能时，需要提前对对象（图形或图片）进行区分，列出关键字，一个容器只能识别一个关键字。

3. 实践操练，高效管理

环节目标：应用所学理论，对自己的时间进行管理。

教师活动：明确时间四象限的特点，并引导学生尝试运用时间四象限的原则管理自己的时间。

学生活动：通过对时间四象限的学习，总结每个象限的特点，并知道将空余时间投资在“重要不紧急”的事情上，才能获得更高效的回报。制作自己本周的时间四象限图，然后进行小组讨论，并互相提出建议，最后在班级进行展示。

技术应用：使用白板中的“笔”工具，随时记录学生的观点和结论；使用白板中的“隐藏与显示”功能，逐步展示四个象限的特点；使用“照相机”工具，将学生的实践操练过程记录下来。

教学反思： 白板中的“笔”工具可以及时记录并呈现学生的讨论过程，直观、高效。在师生探讨过程中，对于不同象限的特点，用“隐藏与显示”功能适时显示，逐一呈现，互动效果良好。

教学小提示： 虽然“笔”工具可以作为课堂批注的工具，但不要忽视板书的功能，必要时需要将重点内容写在黑板上，供学生参考，因此，建议将两者结合，灵活应用。

六、教学技术应用及融合

教学流程	教学环节	技术应用
导入新课	猜谜语	突出显示器、隐藏与显示
课堂活动	案例分析，探索理论	容器
知识运用	实践操练，高效管理	笔、照相机、隐藏与显示

初中篇

I’m watching TV

一、基本信息

学科：英语

课程名：I’m watching TV

课程章节：第六单元第 3 课

年级：七年级

教材版本：人教版

授课教师：陆丹弥

二、教学目标

1. 知识与技能

（1）了解现在进行时的用法。

（2）掌握单词“pool，shop，supermarket”和句型“Is the man swimming in a river? No, he isn’t. He is swimming in a pool”。

2. 过程与方法

在参与活动的过程中，提高在听力中获取信息的能力。

3. 情感、态度与价值观

提高学习英语的兴趣，善于观察生活。

三、教学重难点及突破措施

1. 教学重点

教学重点为运用现在进行时态的句子来描述他人正在做的事情。为突破这一教学重点，在导入环节，通过“插入视频”和“插入图片”等操作，让学生直接观察，并说明人物正在进行的动作；在呈现环节，通过白板中的“显露器”和“聚光灯”等工具，让学生自由发挥想象力，猜测并说出课件中的人物正在做的事情，再给出适当的场景，让同桌之间相互进行问答，锻炼学生的表达能力。

2. 教学难点

教学难点为理解听力材料，学习新单词及新词组。为突破这一教学难点，在听前环节让学生上台在白板上书写表示地点和动词进行时的单词，从而使学生掌握新词，为理解听力材料降低难度。

四、学情分析

在本单元中，学生第一次接触新时态——现在进行时，学生对于时态结构“be doing”比较陌生，因此，需要充分激发学生的兴趣，让学生在听和说中运用现在进行时来描述人物正在做的事情，从而掌握常用动词的现在进行时结构。

七年级的学生具有初步读图、分析图的能力，在新式课堂中，教师要尝试转变角色，变知识的传授者为学生学习的引导者、参与者和合作者，充分利用白板的各种功能，加强师生之间的互动。并结合观察法、练习法、小组讨论法等教学方法，突破教学重难点，达成教学目标。

五、教学过程

1. 创设情境

环节目标：渲染课堂气氛，调动学生的积极性，引出话题。

教师活动：播放“Gogo”视频片段（见图 1），截取其中几个人物的图片，提出问题，“他们正在做什么，在哪里做这些事”，从而导入新课。

图 1

学生活动：观看“Gogo”视频片段，思考这些人物在哪里，正在做什么事情。

技术应用：使用白板中的“插入视频”功能和“照相机”工具，通过英语原声视频引发学生对学习内容的兴趣；通过白板中的“隐藏与显示”功能呈现答案，使课堂充满趣味性。

教学反思：在这一环节，可以让学生先观看视频，再根据图片进行描述、跟读。在学生充分思考后，运用“隐藏与显示”功能呈现答案，学生会比较好奇。但这一环节比较适合能力较强的学生，学生可以根据图片进行描述，根据视频回忆这些人物的动作，这对学生的能力提出了更高的要求。

教学小提示：要提前找好与课堂内容有关的视频，最好是英文原声的小视频，里面的听力内容要适合学生现阶段的水平，让他们不至于觉得太难而失去兴趣。另外，由于要展示多张图片，为了不影响课堂进度，可以将提前截取好的图片放进课件里面，以保证课堂进度。

2. 运用图片，呈现新词

环节目标：掌握新单词“pool，shop，supermarket”。

教师活动：首先展示不同人物在不同情境中正在进行的动作，让学生回答这些人物在做什么，在什么地点做的这些事情，从而引出新单词和新词组。接着让学生根据图片内容对地点和事件进行配对，并点名让学生上台，直接在白板上写出答案。

学生活动：先根据教师出示的几幅图片回答这些人物在做什么，在什么地点做的这些事情。然后对地点和事件进行配对，并上台在白板上书写答案。

技术应用：使用白板中的“分层”和“隐藏与显示”功能，将答案“隐身”于学生面前；使用白板中的“自由批注”功能，让学生在白板上自由书写答案。

教学反思：在传统教学中，只能通过PPT直接显示答案，而白板教学显示出了其强大的交互性，可以让学生自己在白板上操作，直观地展示答案，有效地展现了学生的学习成果，也让教师能够有针对性地进行教学，提高了课堂效率。

教学小提示：要计划好学生在白板上的书写时间，并对学生给出的答案进行及时反馈，从而迅速解决教学中产生的问题。此环节虽然增加了学生的书写时间，却能让教师更加了解学生对知识的掌握程度，因此是很有必要的。

3. 听前环节，解决听力难题

环节目标：运用现在进行时的一般疑问句进行问答。

教师活动：首先展示三幅有遮挡的图片，让学生运用一般疑问句表达对图中人物正在做的事情的猜测，充分调动学生的学习积极性。接着让学生根据图片进行问答，询问某人是不是在某地点做某事。

学生活动：先运用现在进行时的一般疑问句表达对图中人物正在做的事情的猜测，然后和同桌进行合作，根据图片内容进行互答，根据情景进行合理的对话。

技术应用：使用白板中的“显露器”和“聚光灯”工具，遮挡住人物的动作，只留下人物的头像，让学生猜测。

教学反思：在同桌问答环节，需要学生根据情景先做出否定回答，再做出肯定回答。当学生编造出不符合实际情况的对话时（比如在教室内游泳），教师应该合理引导学生，让学生重新做出符合实际情况的猜测。这一细节有助于培养学生的逻辑思维。

教学小提示：白板中的“显露器”“聚光灯”工具，特别适用于英语课堂，若教师运用恰当，则可轻松营造课堂气氛，调动学生积极性。但要注意，有些情况适合使用“显露器”工具，有些情况适合使用“聚光灯”工具，需要教师根据各种情况进行合理安排。

4. 听中环节，充分理解听力内容

环节目标：能进行跟读，并能够理解听力内容。

教师活动：播放三段对话，让学生将表格中的内容填写完整，并造句。然后引导学生一句一句地跟读听力内容。在学生跟读的过程中，教师对重点内容进行说明（见图 2）。

学生活动：理解听力内容，将表格补充完整并回答问题，然后跟读听力内容。

技术应用：使用白板中的“插入音频”“书写”“圈注”功能，突出重点和难点。

教学反思：听力内容难度不大，重在让学生在跟读的过程中练习语音、语调，这也是七年级学生需要学习的重要内容之一。

教学小提示：在跟读环节，使用不同颜色的“笔”适当地对听力的重点内容进行圈注，有助于提高学生对于重点内容及细节的敏感度，值得一试。

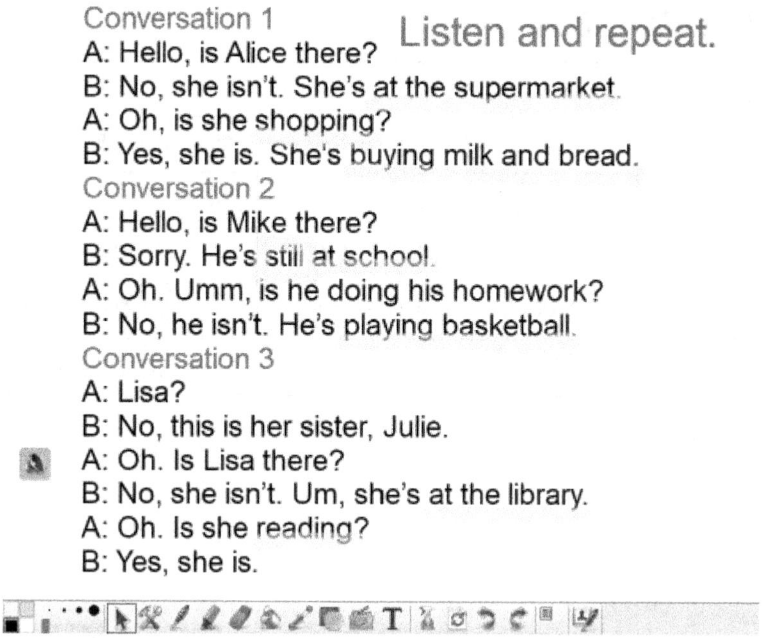

图 2

5. 听后环节，拓展提升

环节目标：看图回答问题，并进行口头作文。

教师活动：出示图片，请学生说出图片中的人物正在做的事情，然后引导学生上台将句子补充完整，最后请学生根据家庭照片进行口头阐述。

学生活动：观察图片，说出每个人物正在做的事情，然后上台将句子补充完整。最后进行小组合作，挑选其中一位学生的家庭照片，根据上文的模板说出照片上这位学生的家人正在做的事情，即进行口头作文。

技术应用：使用白板中的“透明度”“拖曳”“放大”“缩小”等功能，摆脱束缚，灵活教学。

教学反思：这部分内容是听力后的延伸拓展内容，考查学生的观察、仿写和语言组织能力，教师可以从中看出学生对现在进行时这一知识点的掌握情况。同时口头作文也为接下来的作文课奠定了基础。但是由于时间有限，口头作文环节时间所剩不多，只允许一到两位学生发言，下次要注意合理安排时间，让更多学生参与发言。

教学小提示：口头作文是作文课的板块之一，在此教师考虑到听力内容不多，对本单元的内容进行了整合，使得听力后环节更加合理，进一步提升学生能力。

六、教学技术应用及融合

教学流程	教学环节	技术应用
导入新课	创设情境	插入视频、照相机、隐藏与显示
课堂活动	运用图片，呈现新词	隐藏与显示、自由批注、分层
	听前环节，解决听力难题	显露器、聚光灯
	听中环节，充分理解听力内容	插入音频、书写、圈注
拓展延伸	听后环节，拓展提升	拖曳、透明度、放大、缩小

摩擦力

一、基本信息

学科： 物理

课程名： 摩擦力

课程章节： 第三单元第 6 课

年级： 七年级

教材版本： 浙教版

授课教师： 徐柯铭

二、教学目标

1. 知识与技能

（1）了解摩擦力的产生条件。

（2）掌握判断摩擦力方向的方法。

2. 过程与方法

在科学探究的过程中，感受摩擦力的存在。

3. 情感、态度与价值观

增强对科学的学习兴趣。

三、教学重难点及突破措施

1. 教学重点

教学重点是了解摩擦力的产生条件。为突破这一教学重点，教师引导学生从几组情景中，通过判断物体间是否存在摩擦力来了解摩擦力的产生条件。运用白板中的“透视镜”工具，展示生活中不同情景下存在的摩擦力，吸引学生的注意力。

2. 教学难点

教学难点为判断摩擦力的方向。为突破这一教学难点，教师围绕传送带上的物体受到的摩擦力方向，利用白板中的“照相机”工具截取其中关键时刻的图像，再使用“笔”工具和“刻度尺”工具，在白板上画出摩擦力的方向，让学生对比水平传送带和倾斜传送带与物体之间的摩擦力的差异，从而使学生体会到“摩擦力的方向总是与‘相对运动或相对运动趋势’相反”。

四、学情分析

学习本节课之前，学生已经储备了一定的力学知识，了解了常见的科学研究方法。但在本节课的一些情景中，“摩擦力的方向”这一知识点会与学生已有的观念产生冲突，因此，教师需要更加科学地分析摩擦力的方向，这是本堂课的难点。关于摩擦力的意义，不少学生脑海中有“摩擦对我们的生活、生产是有害的”这一错误观念，教师需要进行纠正。

五、教学过程

1. 创设情境

环节目标：利用小魔术引出新课。

教师活动：利用最常见的生活物品——橡皮筋和塑料环，表演一个小魔术，将剪断的皮筋穿过塑料环，接着两只手各捏住皮筋一端，且使皮筋两端保持一高一低（注意在低处的手里留一段皮筋）。塑料环靠近低处的手，然后低处的手缓缓松开皮筋，塑料环就会随着皮筋收缩而往上运动。

学生活动：观察活动现象，并尝试解释原理。

技术应用：使用白板中的“隐藏与显示”功能，逐步呈现内容（见图1）。

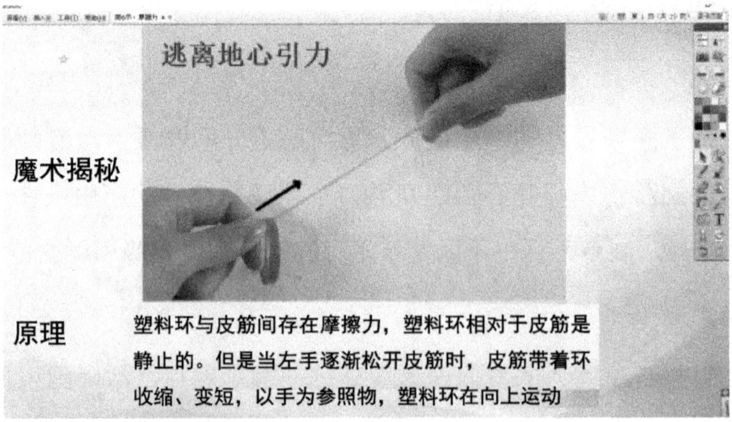

图1

教学反思： 在这一环节，使用白板中的“隐藏与显示”功能，逐步呈现内容。先表演小魔术，再出示魔术揭秘图，最后给出原理解析，层层深入，引发学生思考。

2. 摩擦力的产生条件

环节目标： 知道摩擦力的产生条件。

教师活动： 组织学生完成教材第 113 页的两个活动。利用这两个活动让学生动起来，感受摩擦力的存在。接下来，出示三组对比情景图，要求学生先判断图中有没有产生摩擦力，然后使用白板中的“自由批注”功能进行标注。引导学生归纳摩擦力产生的条件，继而给出摩擦力的概念（见图 2）。组织学生通过交流、讨论，联系理论与实际，寻找生活中与摩擦力相关的现象，学生在交流过程中会渐渐发现摩擦力很常见，如写字、穿衣、跑步等都和摩擦力有关。通过举例，学生还会认识到“摩擦力有利有弊，不能片面地认为所有的摩擦力都是有害的”。在列举了多个摩擦力现象后，提问“如果没有摩擦力，会发生什么事情”，使学生更加直观地认识到摩擦力对我们的生产和生活的重要意义。最后，和学生一起将摩擦力进行分类。

图 2

学生活动： 积极参与活动，细心观察，认识到摩擦力就在身边，从而对其有一个初步的认识。接下来通过观察对比情景图，认真思考不同情景下有无摩擦力的存在，从而对摩擦力的产生条件有一个判断，并通过小组讨论，分析摩擦力的产生条件。观察身边和摩擦力有关的现象，进一步加深对本节课内容的认识和理解。在教师提出“如果没有摩擦力，会发生什么事情”的问题后，思考并组织语言，回答问题。最后，和教师一起将摩擦力进行分类。

技术应用：使用白板中的“自由批注”功能，判断不同情景下有无摩擦力的存在；使用白板中的“隐藏与显示”功能，将摩擦力的产生条件逐一显示出来；使用“透视镜”工具，展示摩擦力的应用案例；使用白板中的“缩放”功能，在同一页面展示多张图片。

教学反思：“缩放”功能可以充分利用空间，确保每一位学生都能看清图片内容，同时不会出现课件页数过多的情况。

教学小提示：“透视镜”的制作步骤较复杂，做完后可作为一个资源，存放在“资源库”中，方便随时调取。要想拖动“透视镜”，可以点击“透视镜”或“手柄”。建议点击“透视镜”，原因有两个：一是“透视镜”面积大，方便点击；二是点击“手柄”时容易碰到上层图片。

3. 摩擦力的方向

环节目标：能正确判断摩擦力的方向，理解摩擦力的方向与“相对运动或相对运动趋势”方向相反，而与运动方向无关。

教师活动：先演示一个“筷子提米”的实验，让学生自己动手来体验摩擦力的方向。接下来给出不同案例，要求学生利用摩擦力的概念或受力分析方法判断案例中摩擦力的方向。案例由易到难，逐步深入，从具体问题到具体情景。

学生活动：利用摩擦力的概念或受力分析方法做出自己的判断，分析并体会摩擦力方向和运动方向的关系。

技术应用：使用白板中的“刻度尺”工具和“笔”工具，画出摩擦力方向的示意图；插入视频，展示生活中不同的传送带，让学生产生更加直观的感受，同时也活跃课堂气氛。

教学反思：使用白板中的“笔”工具，可以在白板上画出摩擦力的方向，但是直接使用该功能无法画直线。如果用数学工具“标尺”，则需要不断调整标尺的位置，颇为浪费时间。通过视频展示水平传送带和倾斜传送带运输物品的过程时，可以及时截图，从而获取视频中的关键信息。在介绍走路过程中前后脚受到的摩擦力方向的问题时，插入了“马在冰上走路”的视频，活跃了课堂气氛，同时学生也能直观地从视频中观察到马的前后脚的摩擦力方向，有助于解决摩擦力方向与物体运动方向之间关系的教学难点。

4. 课堂小结

环节目标：梳理本节课内容，巩固新知。

教师活动：请学生说出自己本节课的收获与感悟。通过倾听学生的想法，了解其对知识的掌握程度。学生每说出一个知识点，教师就将其展示在白板上。

学生活动：回忆本节课重点内容，谈一谈自己的收获或感悟。

六、教学技术应用及融合

教学流程	教学环节	技术应用
导入新课	创设情境	隐藏与显示
课堂活动	摩擦力产生条件	透视镜、隐藏与显示、自由批注、缩放
	摩擦力的方向	刻度尺、笔、插入媒体
知识巩固	课堂小结	无

毕加索的时空隧道——扭曲在画中的时间

一、基本信息

学科：美术

课程名：毕加索的时空隧道——扭曲在画中的时间

课程章节：第十一章第 1 课

年级：七年级

教材版本：浙江人民美术出版社出版

授课教师：李书婷

二、教学目标

1. 知识与技能

（1）认识并了解作品《格尔尼卡》中体现的立体主义风格及画法。

（2）学会使用抽象的方法进行绘画。

2. 过程与方法

在学习新画法的过程中，能够综合运用各学科知识理解创作过程。

3. 情感、态度与价值观

感受艺术大师的创造性思维，提高对西方现代绘画作品的欣赏能力。

三、教学重难点及突破措施

1. 教学重点

教学重点为了解立体主义的绘画特点。为突破这一教学重点，教师使用白板中的“照相机”工具，截取局部画面，并与“多重曝光”的摄影技术进行比较。使用白板中的“神奇墨水”工具，将素描头像与立体主义风格的肖像做对比，让学生讨论两者的区别。使用白板中的“笔”工具描出立体主义风格肖像的边缘，并与素描人像做线条上的对比，比较不同的绘画表现方式。

2. 教学难点

教学难点为画出立体主义风格的作品。为突破这一教学难点，教师组织学生围绕“立体主义是否写实”进行讨论，通过小游戏让学生感受立体主义风格绘画作品的写实意义。并使用白板中的“旋转”“缩放”等功能，展示毕加索肖像的绘制过程，以此来给学生做示范。

四、学情分析

本节课是七年级上半学期最后一章的欣赏课，大部分学生都见过毕加索的作品，部分学生在小学欣赏课中学过毕加索的另一幅立体主义风格的绘画作品——《亚维农的少女》，但对其了解并不深入。

七年级学生有一定的识图基础，但是欣赏能力有限，他们都能看懂具象的形态，但是对这种简化变形后的形态不太认同，认为是画家随意创作的作品。本节课旨在让学生学会欣赏，并初步了解毕加索的立体主义绘画风格，学习毕加索独特的作品表现方法。

五、教学过程

1. 感知画面，进入主题

环节目标：吸引学生眼球，调动学生的积极性。

教师活动：展示绘画作品，让学生感受作品整体的气氛，思考该作品给人带来的感觉。带领学生了解作品的相关信息和历史背景。

学生活动：感受作品整体的气氛，思考作品中的画面与平时见到的有何不同。了解作品的相关信息和历史背景。

技术应用：使用白板中的“聚光灯”工具，带学生观看作品。

教学小提示：可以提前设置好“聚光灯”的形状、大小和位置，避免课堂上出现“聚光灯”大小、位置不合适的问题。在白板中后一页面的“属性浏览器”——“工具”——“页面工具”中设置“工具关闭”，否则，当前页面的“聚光灯”会自动保留到下一页。

2. 深入学习，认识立体主义

环节目标：了解立体主义风格绘画作品的特点，思考作品《格尔尼卡》中的立体主义风格是如何表现出来的。

教师活动：引导学生找出作品《格尔尼卡》中让人感觉奇怪的地方，然后总结“怪”的原因，并从问题出发，分析整幅作品。引导学生发现作品《格尔尼卡》中立体主义风格的两个表现特征，找出“多视角”和“几何化”在作品中的具体表现。通过小游戏引导学生观察作品和照片，找出与毕加索作品中唯一匹配的女主角。

学生活动：找出作品《格尔尼卡》中让人感觉奇怪的地方，思考并认真倾听教师的解说。观察、对比图片，找出作品中“多视角”和“几何化”的具体表现。猜测谁是女主角，并说明理由。

技术应用：使用白板中的“照相机”工具截取学生的疑问点，即时解决课堂的生成问题；使用“神奇墨水”工具，引导学生找出不同之处。使用白板中的“笔”工具，请学生上台在作品《格尔尼卡》中画出“多视角”和“几何化”的具体表现；使用白板中的“显露器”工具，控制幕布位置，将女主角的肖像逐步呈现。

教学反思：这一环节是本节课的重难点，尤其是对于立体主义风格特征的提炼。在白板教学中，可根据教学需要对图片进行拖动、放大、缩小等操作，使教学更灵活。

3. 绘制作品

环节目标：用立体主义的表现手法画一张毕加索的肖像。

教师活动：示范绘画步骤，引导学生观察并描述毕加索的五官特点，帮助学生回顾知识点并布置作业。

学生活动：观看教师的示范过程，然后动手绘制作品。

技术应用：提前在白板的“资源库”中导入素材包，教师在示范时可以直接调用素材；使用白板中的“缩放”“旋转”“透明度”等功能，完成一张立体主义风格的肖像；使用“笔”工具画出所需轮廓；使用“突出显示器”工具选取不同颜色，为作品上色（见图 1 和图 2）。

教学反思：教师进行绘画示范时，可以让学生来决定他们想看哪些不同角度的毕加索，由教师来操作。若时间充裕，还可以让学生上台尝试着画一画，让他们自己寻找绘画的感觉。

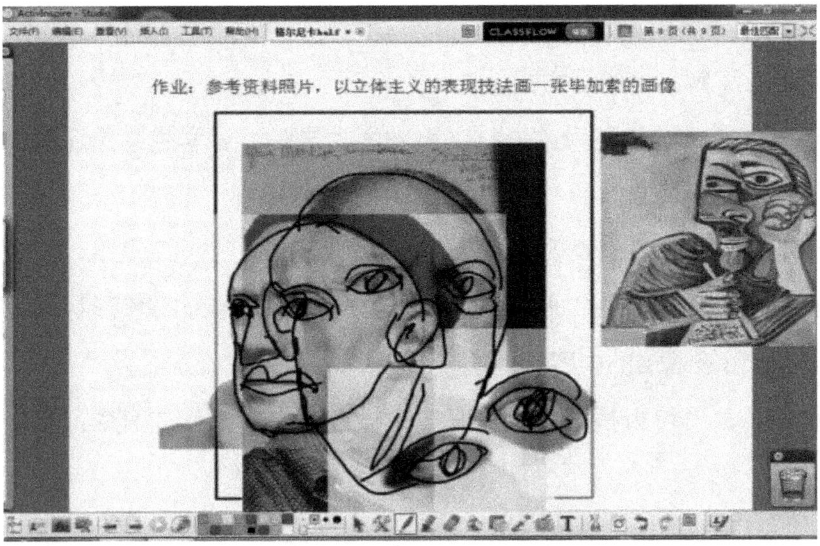

图 1

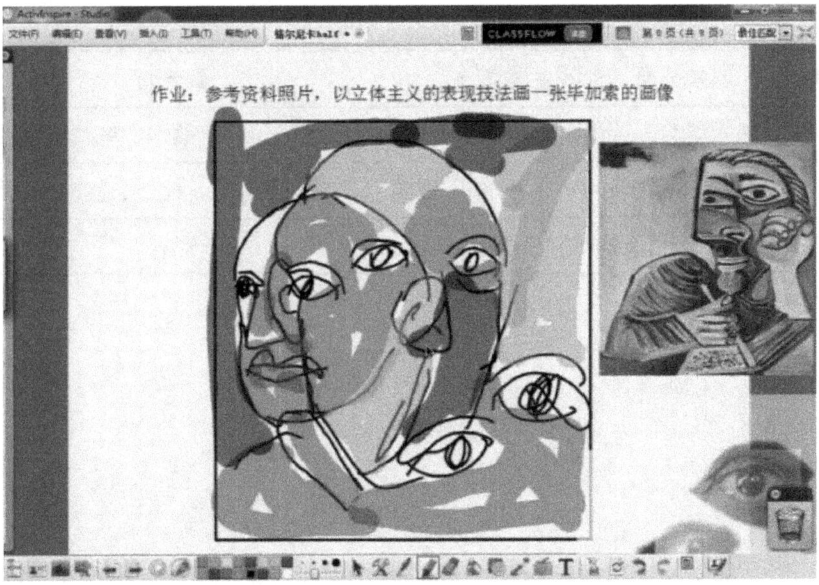

图 2

教学小提示： 课前要在资源库中拖入所需素材，将其拖至白板页面，调整至合适大小后再拖回资源库，替换原始素材。若直接使用资源库中的原始素材，可能会出现图片不是预设大小的情况，重新调整，则会浪费课堂时间。上完课后，可以将资源库的素材导出为素材包，方便日后使用。

4. 拓展提升

环节目标：了解其他绘画方式。

教师活动：通过展示不同的素材，引发学生思考，让学生想想还能以怎样的形式表现时间流逝这一现象。

学生活动：思考并说出表现时间流逝的不同方法。

技术应用：使用白板中的“形状”工具遮挡文字、图片部分，将“形状”工具拖入“垃圾桶”，从而显示被遮挡的内容。

教学小提示：“垃圾桶”工具只有在白板边界内的时候才有效，在白板边界外时无效。

六、教学技术应用及融合

教学流程	教学环节	技术应用
导入新课	感知画面，进入主题	聚光灯
课堂活动	深入学习，认识立体主义	照相机、神奇墨水、笔、显露器
	绘制作品	资源库、突出显示器、缩放、旋转、透明度、笔
拓展延伸	拓展提升	形状

秦岭—淮河分南北

一、基本信息

学科： 地理

课程名： 秦岭—淮河分南北

课程章节： 第六单元第 1 课

年级： 七年级

教材版本： 人教版

授课教师： 傅佳元

二、教学目标

1. 知识与技能

（1）了解秦岭、淮河的地理位置。

（2）掌握南北方生产、生活差异的主要原因。

2. 过程与方法

（1）通过讨论和对比，了解秦岭、淮河一线南北两侧的自然地理环境对生产、生活的影响。

（2）通过典型事例，了解我国不同地区在气候、农业方面的差异及其对人们生产、生活的影响，初步形成“因地制宜”的观点。

3. 情感、态度与价值观

增强对祖国的热爱之情，理解人与环境之间的相互关系，懂得人地和谐相处的重要性。

三、教学重难点及突破措施

1. 教学重点

教学重点为对比南北方的地理差异。为突破这一教学重点，教师使用白板中的“容器”功能，让学生进行充分的讨论、探究，找出南方和北方的对比图片，并运用知识点加以说明，从而使学生了解南北方自然环境和人文环境的差异。使用白板中的“限制器”工具，进行归纳和总结，巩固知识点，让学生再次感受南北方的差异，同时体会地理环境对人们生产、生活的影响。

2. 教学难点

教学难点为秦岭—淮河的地理意义。为突破这一教学难点，教师创设情境，使用白板中的“自由批注”功能，让学生直观地了解秦岭、淮河的位置，明确南北方在气温、降水等方面的差异。使用白板中的“透视镜”工具展示南北方不同区域的不同农作物，让学生感受南北方不同的饮食习惯。

四、学情分析

本节课承接“中国自然环境特点”这一知识点，进一步探讨自然环境对人们生产和生活的影响，同时又是学习第四单元“各具特色的区域生活”所必备的基础知识。七年级的学生已经具备一些地理知识，掌握了一些读图方法，并具备一定的图片分析能力，但学习的主动性和能动性较弱。为了增强学生学习的积极性，教师要转变角色，变知识的传授者为学生学习的引导者、参与者和合作者，利用白板的多种功能，结合多种教学方法进行教学，从而突破教学重难点，达成教学目标。

五、教学过程

1. 创设情境

环节目标：渲染课堂气氛，调动学生的积极性。

教师活动：播放《舌尖上的中国》片段，出示中国美食地图，请学生思考“为什么会出现这样的差异”，导入新课。

学生活动：通过视频和美食地图感受中国的饮食文化差异，思考差异产生的原因。

技术应用：使用白板中的“限制器”工具制作卷轴，逐步展现中国美食地图，意在激趣，亦呼应了视频中的内容。

教学反思：伴随着卷轴的打开，学生逐渐看到了中国美食地图，感受到了每个区域不同的饮食文化，激发了学生的学习兴趣和热情，为后续环节打下基础。

教学小提示：卷轴的制作涉及“限制器”“图片排放”“层的分布”等多种操作，

前期制作完成后需要操作一遍，并及时保存，以防课堂操作中出现问题。制作完的卷轴可以放入资源库，以备随时更改、使用。

2. 话南北分界

环节目标：了解中国地理区域图，明确南北方地理分界线，了解南北方饮食差异。

教师活动：展示中国地理区域图、地形图、气候类型图，引导学生描述我国南北方地区的地形和气候特点，结合不同特点，揭示南北方天然的地理分界线。呼应导入内容，出示美食煲仔饭和水饺，明确其所属区域，延伸出南北方饮食习惯的差异。

学生活动：观察中国地理区域图，说出中国四大地理区域。通过观察地形图和气候图，描述我国南北方的地形和气候特点，找出南北方分界线“秦岭—淮河”的位置，并上台在白板上标注出来。判断煲仔饭和水饺所在的区域，通过“透视镜”显示底层的农作物类型，思考南北方饮食习惯的差异和造成差异的原因。

技术应用：根据教学需要，对地图进行拖曳、缩放、旋转、改变透明度等操作，摆脱束缚，灵活教学；使用白板中的“自由批注”功能，让学生在地图中自主标注“秦岭—淮河”分界线；使用“透视镜”工具，在顶层展示中国耕地类型分布图。

教学反思：这一环节是本节课的重点之一，尤其是对地图的观察和应用。传统教学技术只能显示提前准备好的地图，地图的顺序和大小都是固定的，教师只能根据预设情况进行教学，教学灵活性较差。在白板教学中，教师可根据教学需要，对地图进行拖动、放大、缩小、旋转、改变透明度等操作，摆脱束缚，使教学随课堂和学生的变化而变化，突出“地理味”。此外，在这一环节的教学中，学生常常找不到淮河的位置，容易同长江、黄河的位置混淆。传统教学只能通过手指指点或PPT直接显示来帮助学生学习，而新技术的教学将主动权交给学生，让学生自己画，更直观地展现学生的学习成果，也让教师能够有针对性地进行教学，师生互动、生生互动良好，提高了课堂效率。

3. 比南北差异

环节目标：了解南北方饮食、建筑、交通、风俗等方面的差别，知道南北方差异的主要原因，学会识读气温曲线图和降水量柱状图。

教师活动：展示“中国1月平均气温分布图”“中国7月平均气温分布图”“中国年降水量分布图”（见图1），让学生比较南北方的气温差异和降水差异。展示八幅图片，请学生分别找出反映南方和北方特征的图片，并分析原因。

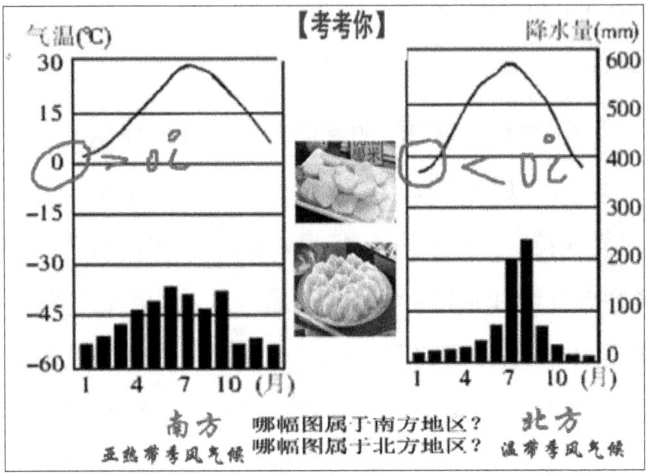

图 1

学生活动： 自主学习，完成导学案，学会看气温曲线图和降水量柱状图，判断气候类型。小组讨论，将符合南北方特征的图片进行分类，并加以说明。小组代表上台阐述小组观点，适时将选择的图片拖至相应的“容器”内，生生互评，加以完善、补充。

技术应用： 使用白板中的“自由批注”功能，使学生更加明确南北方的气温和降水差异；使用白板中的“容器”功能，及时解决课堂生成问题。

教学反思： 在以往的教学中，学生合作讨论后请学生代表发言交流、讨论结果，但是仅局限于“说”，这节课使用“容器”功能，让学生在交流时，又“说”又“动”，通过拖动图片，将讨论的结果“动态”呈现，正确的图片能被拖入“容器”，错误的则将被弹回，这样的操作让上台展示的学生获得更直观的认知，亦能生成课堂问题，对其他学生而言，在视觉和听觉上都能有所感知，加深印象。

教学小提示： “容器”是白板应用中的高级功能，在备课时需要对对象进行区分，列出关键字，一个“容器”只能识别一个关键字。学生基本会拖动正确答案，也可以用“自主批注”功能对图片加以补充说明，效果更佳。

4. 总结提升

环节目标： 明确南北方自然环境和人文环境的差异，懂得人地和谐相处的重要性。

教师活动：与学生进行交流，并以表格形式概括南北方各方面的差异（见图 2），使学生在脑海中初步形成“因地制宜”的观念。通过“东北饺子馆在河北火爆，但在广州遇冷”的现象，得出“一方水土养一方人”的启示。

		北方地区（秦岭-淮河以北）	南方地区（秦岭-淮河以南）
自然环境	1月均温	一月均温低于0℃	一月均温高于0℃
	年降水量	年降水量小于800毫米	年降水量大于800毫米
	气候类型	温带季风气候	亚热带季风气候
	水文	河少、水少、结冰	河多、水多、不结冰
生产生活	耕地类型		
	农作物		
	耕种制度		
	民居特色		
	饮食习惯		
	交通工具		

图 2

学生活动：从本节课所学内容中提炼知识，归纳南北方差异显著的原因。思考“因地制宜地发展区域经济，同时也要保护环境”这一启示。

技术应用：使用“限制器”工具，通过表格逐行显示南北方的差异。

教学反思：白板教学操作简单、灵活，这是以往教学工具所达不到的效果，对实现教学目标大有帮助。

教学小提示：虽然“限制器”可以作为小结的工具，但不要忽视板书的功能，建议将两者相结合，灵活应用。

六、教学技术应用及融合

教学流程	教学环节	技术应用
导入新课	创设情境	限制器
课堂活动	话南北分界	拖曳、缩放、自由批注、透明度、透视镜
	比南北差异	容器、自由批注
拓展延伸	总结提升	限制器

蝉

一、基本信息

学科：语文

课程名：蝉

课程章节：第五单元第 20 课

年级：八年级

教材版本：部编版

授课教师：沈甘露

二、教学目标

1. 知识与技能

（1）了解蝉的世界。

（2）把握说明文的说明对象的特征。

2. 过程与方法

通过品味蝉的语言，体会科普作品语言的文艺性和科学性。

3. 情感、态度与价值观

体会作者对蝉的情感，感受科学精神。

三、教学重难点及突破措施

1. 教学重点

教学重点为赏析文学性的语言，体会其中隐含的情感和科学精神。为突破这一教学重点，教师使用白板进行示范，限时让学生进行小组讨论，并借助课外资料，让学生体会其中隐含的情感和科学精神。

2. 教学难点

教学难点为引导学生发现文艺性说明文的概念类别和阅读方法。为突破这一教学难点，教师先通过白板中的“拉幕”和“笔”工具，分步引出文艺性说明文的概念类别，然后总结阅读方法。

四、学情分析

学生对法布尔和《昆虫记》有所了解，但对《昆虫记》的认识可能仅仅停留在知识层面上。通过以往的说明文文体阅读训练，学生能找出说明文的说明对象及说明对象的特征、说明方法。通过预习，能从文本中筛选信息，找出蝉的特征，且能用批注的方法赏析文本。

五、教学过程

1. 视频导入，引出课题

环节目标：对昆虫产生兴趣，初步感受电影中的昆虫形象。

教师活动：播放《昆虫总动员》电影片段，让学生用一个词概括电影中蚂蚁的形象，引入新课。

学生活动：观看电影，思考电影中的蚂蚁形象。

技术应用：使用白板中的“插入媒体”功能和“隐藏与显示”“拖曳”功能。

教学反思：若使用传统的PPT进行教学，则需要打包视频文件，而白板教学中，只需要把视频拖入，就可以播放。

教学小提示：使用白板中的“隐藏与显示”和“拖曳”功能时，要先将《昆虫记》十卷书的图片和蝉的图片隐藏于法布尔照片的后面，然后一边讲解，一边拖曳，激发学生兴趣，把握重点，导入新课。

2. 走进“蝉”的世界

环节目标：检查预习情况，提取信息。

教师活动：向学生提问，检查学生的预习情况。组织学生之间进行提问，提取课文中关于蝉的知识性的文字。询问学生是否喜欢阅读这些知识性的文字。

学生活动：快速浏览课文，筛选信息。思考关于蝉的知识。思考知识性文字的趣味性。

技术应用：使用白板中的“拉幕”工具，逐步呈现问题（见图1）。

图 1

教学反思：使用白板中的“拉幕”工具，可以根据教学进度逐个呈现问题，减少其他文本信息的干扰，便捷而又灵活。

教学小提示：使用白板中的“拉幕”工具时，建议将颜色调为和背景一样的颜色。

3. 品味蝉的语言

环节目标：掌握文艺性说明文的阅读方法。

教师活动：和学生共同品读、赏析蝉的“霸道”形象。组织学生进行限时小组讨论，并把蝉的形象的标签写在白板上，进行展示。带着学生读科学性语言，体会严谨的科学精神。通过展示作家方敏的评语，总结文艺性说明文的阅读方法——读知识、读写法、读精神。

学生活动：品读例句，和教师共同赏析文学性语言。生生合作，组内讨论，品读生动有趣的文字，思考蝉的形象及作者的情感，并在组间分享。再读课文，找寻体现科学性的几处文字，准确表述并思考法布尔的作品中所体现的科学精神。齐读评语，思考文艺性说明文的三种阅读方法。

技术应用：使用白板中的“拉幕”工具，呈现语段；在小组讨论时，使用白板中的“计时器”工具做时间限制；在呈现作家评语时，使用白板中的“透明度”功能，将关键词突显出来；最后，使用白板中的“自由批注”功能，总结文艺性说明文的阅读方法。

教学反思：在以往的教学中，学生上台展示时，仅局限于“说”。在技术支持下的课堂中，学生可以边讲解，边圈画（见图 2 和图 3），更直观地展现了学生的讨论成果。小组讨论时，使用了“计时器”工具，限时 3 分钟，使课堂更加紧凑，学生在讨论过程中也能时时关注进程，把控节奏。授课过程中将方敏的点评用“透明度”功能变为无，从而突显严谨的科学性质，强调文艺性说明文的写法。而“自由批注”功能，使得师生互动、生生互动良好，提高了课堂效率。

图 2

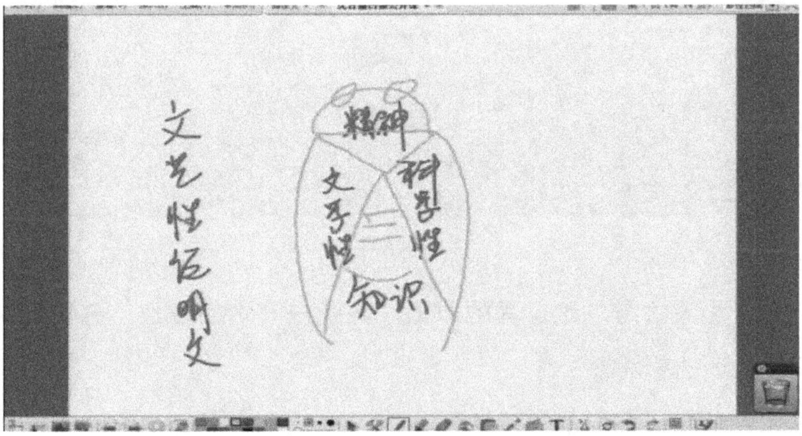

图 3

4. 感悟生命的意义

环节目标：感悟蝉生命的意义和法布尔的科学精神，思考该作品对自己人生的启迪。

教师活动：阐释法布尔对蝉的生命意义的解读（见图 4），请学生写出从中得出的启示，并对学生的启示进行指导与点评（见图 5）。

图 4

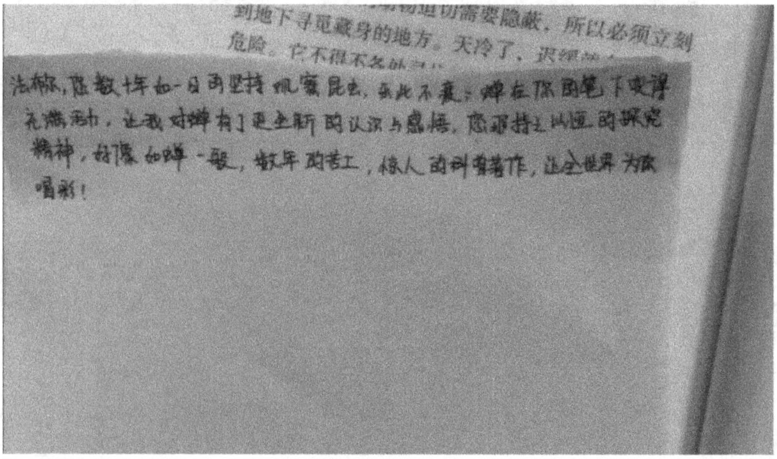

图 5

学生活动： 思考法布尔这样写的原因。齐读法布尔的语言，感受他对蝉的生命的敬仰，写出自己的感悟。

技术应用： 使用白板中的“后置”功能，将法布尔对比他人和自己研究行为的语言进行后置；使用“聚光灯”工具，聚焦“生命”二字；通过“限制器”工具，显示底层文字。

教学反思： 使用“后置”功能，对两段话进行对比，突显法布尔对生命的敬畏，再用“聚光灯”聚焦“生命”二字，将本堂课的主题升华。而“希沃授课助手”的支持，可以快速又直观地呈现学生的作品。

教学小提示：在教学过程中，将几种新技术搭配使用，可以取得更好的教学效果。

5. 阅读经典

环节目标：激发学生对经典作品《昆虫记》的兴趣。

教师活动：总结——书籍就像是一位循循善诱的老师，把你带到美好的世界当中。感谢法布尔，他写的《昆虫记》让我们了解了有关昆虫的知识，品读了诗意的语言，感受了科学的精神，领悟了生命的意义。阅读这样美妙的经典大作，相信会是一场愉快的精神盛宴，让我们一起带着文艺性说明文的阅读方法在《昆虫记》中赴这场精神盛宴吧！

六、教学技术应用与融合

教学流程	教学环节	技术应用
导入新课	视频导入，引出课题	插入媒体、隐藏与显示、拖曳
课堂活动	走进蝉的世界	拉幕
	品味蝉的语言	拉幕、自由批注、透明度、计时器
	感悟生命的意义	后置、聚光灯、限制器
知识巩固	阅读经典	无

Let's do some cooking!

一、基本信息

学科：英语

课程名：Let's do some cooking！

课程章节：第八单元复习课

年级：八年级

教材版本：人教版

授课教师：陈霞

二、教学目标

1. 知识与技能

（1）巩固学习有关食物的名词。

（2）掌握有关食物制作的动词词组。

（3）初步掌握几种简单的食谱，并能进行连贯的表述。

2. 过程与方法

在听、说、读、写的过程中，巩固所学知识。

3. 情感、态度与价值观

强化团队合作意识，渗透独立精神，提高实际生活能力。

三、教学重难点及突破措施

1. 教学重点

教学重点为对名词的量及简单食物的制作步骤进行熟练的表达。为突破这一教学重点，教师使用白板中的“神奇墨水”等工具，从字、词、句入手，层层递进，丰富知识输入环节，为最终的知识输出做好铺垫。

2. 教学难点

教学难点为使用恰当的连词和过渡句来完善以祈使句为主要构成形式的食谱类

作文。为突破这一教学难点，教师使用白板中的“显露器”“隐藏与显示”“自由批注”“计时器”等功能或工具，调动学生的主观能动性。同时，使用“投屏”功能，对学生的作文进行即时的点评。

四、学情分析

学生对于饮食类话题比较熟悉，大部分学生具有相关的词汇储备，但词汇量并不足以支撑学生真正想要表达的内容。此前学生已经掌握了关于名词的量的表达规则，但是在熟练度上有所欠缺。而且学生已经学习了两种食物的制作方式，为表达食谱的内容奠定了基础。

教师作为学生学习的引导者、参与者及合作者，可以在“资源库”中补充一些常用的相关词汇，并在不同的教学环节多次进行展现。同时，制作了“百宝箱”，让学生根据食材，自由表达想要制作的食物，以此来锻炼学生的表达能力。

五、教学过程

1. free talk

环节目标：加强学生的长段文字表达能力，并从学生 free talk 的内容引入饮食这一话题。

教师活动：让学生每天轮流准备一个 free talk，内容不限。讲完之后，教师针对学生所讲的内容，提出 2 ～ 3 个问题。本节课，教师通过问题“What did you eat on your birthday”，导入新课（见图 1）。

图 1

学生活动： 通过倾听，理解同学的 free talk 所表达的意思，并对教师的提问做出积极回应。

教学反思： 通过这样的导入方式，帮助学生快速进入听、说环节，引导生生互动，并努力创建一个以学生为主体的教学环境。无论学生 free talk 的话题是什么，作为教师，都应该有能力尽快导入本节课的主题。

教学小提示： 此环节没有用到现代化信息技术。技术是为教学服务的，并不意味着技术用得越多就越好，技术要用得恰当而有效。另外，free talk 的内容和质量可以根据学生的英语程度而定，从而体现教学的个性化。

2. 以旧带新，复习巩固

环节目标： 递进式地复习与食物相关的各种用法，并促进学生的思考。

教师活动： 通过过渡句“I have covered a lot of delicious food with this white paper. Can you guess what’s under it”，进入词汇复习环节。同步进行“Boys Vs Girls”比赛，激发学生的参与积极性，该比赛将贯穿整节课。然后，用一句引导语“People usually have different eating habits. For example, I like to add some honey to the yogurt”，带领学生进入动词词组的复习。当然，这里的词组复习不是机械式的，学生需要在一定的生活情境下，运用合理的动词词组。情境就是“When/ After/ Before I eat…, I usually…”，此设计不但让学生巩固了动词词组和单词，还促进了他们对某些生活常识的思考。在学生进行表述的同时，教师在黑板上写出动词词组。

学生活动： 复习单词时，根据白板上显示的部分图片，以抢答的形式完成任务，并且能进行补充回答。复习词组时，上台从“资源库”中拖曳图片，选择要描述的对象（见图 2）。

图 2

技术应用：使用白板中的“神奇墨水”工具，逐渐显示图片，让学生猜词汇，增加课堂趣味性；预先在“资源库”中导入资源，使得学生在课堂上可以利用“拖曳”功能，自由选择要描述的对象。

教学反思：这一环节能有效地吸引学生的注意力，调动他们的课堂参与积极性，自然而然地把新旧知识进行迁移，从而使复习达到更好的效果。而在情境中巩固词组，还能引发学生对日常饮食习惯的思考。

教学小提示：在单词图片中，准备一个常见的但又是教材中的食物，更能激发学生的兴趣。在复习词组时，一定要引导学生基于情境进行完整的表达，并鼓励学生自己创设情境，以此来强化学生对词汇的运用。

3. 导入篇章，促进写作

环节目标：为最后的写作环节作铺垫。

教师活动：此环节主要包括两个活动。教师用句子“Do you prepare everything by yourself before eating? I hope so. So that you can learn to be independent”，引入下一活动。在白板上逐步呈现不完整的文本，让学生填入恰当的连词，使行文连贯。引导学生找关键词，然后提出问题，“What else do we need? What should we do”帮助学生正确运用相关词汇，巩固教学重难点。在已经呈现了完整的文本之后，组织活动“The Talented Cook”，请一位男生和一位女生分别上台，在屏幕上选择一个“购物袋”，根据购物袋里提供的食物素材进行食品加工，以此来进行篇章表达的练习。

学生活动：在第一个活动中，根据所给的不完整文本，填入恰当的连词，使行文连贯，逻辑合理；并根据文中所给信息，判断所制作的食物是什么，以此锻炼思维的严谨性。在第二个活动中，需要在 3 个标有星级的“购物袋”中选择 1 个（不同的星级代表了食物制作难度的不同），边取出袋中食物，边介绍食物名称和数量，最后根据所给食材判断要制作的食物，描述制作方法（见图 3）。需要注意的是，当台上的学生表达有困难时，台下的学生可以主动提供帮助。

技术应用：使用白板中的“显露器”工具，逐步呈现文本，激发学生的兴趣；使用白板中的“隐藏与显示”功能，快速填充文本；使用白板中的“拖曳”“遮挡”和“锁定”功能，制作“百宝箱”，即“购物袋”，吸引学生的注意力。

图 3

教学反思：“The Talented Cook”活动对学生的考验很大，所以要引导学生主动获取团队的帮助。

教学小提示：在学生表达如何制作食物时，要充分尊重他们的想法。如果教师和学生都觉得其表达不太适当，可以再请其他学生表达。在此环节可以根据学生的表现，结合星级难度给出相应的得分。

4. 合作写食谱

环节目标：提升写作能力。

教师活动：回顾本节课的重难点，提出语言表达更高层次的要求——写作。将每三位学生分成一个小组，进行分工写作，给出 6 分钟的写作时间。在学生写完之后，将他们的成果拍照并上传到屏幕上，由学生根据中考作文的评分标准进行打分，并计入“Boys Vs Girls”的比赛结果。

学生活动：小组分工合作，明确写作内容，并在 6 分钟内完成写作任务。在展示环节，根据中考作文的评分标准互相打分，并提出修改意见。最后修改自己小组的文章。

技术应用：使用白板中的“计时器”工具，帮助学生建立更强的时间观念；使用“投屏”功能，把学生的作品即时呈现在白板上；使用“自由批注”功能，对学生作文进行讲解、修改（见图 4）。

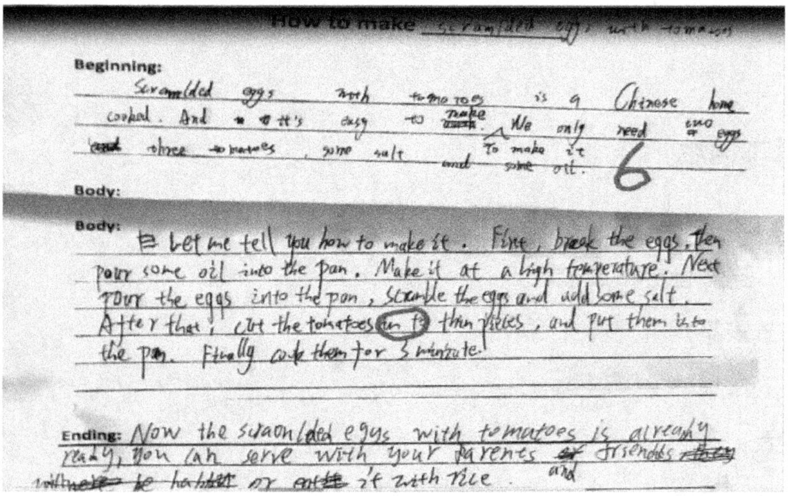
How to make scramlded eggs with tomatoes

Beginning:
Scramlded eggs with tomatoes is a Chinese home cooked. And it's easy to make. We only need two eggs three tomatoes, some salt and some oil to make it.

6

Body:

Body:
Let me tell you how to make it. First, break the eggs, then pour some oil into the pan. Make it at a high temperature. Next pour the eggs into the pan, scramble the eggs and add some salt. After that, cut the tomatoes in to thin pieces, and put them into the pan. Finally cook them for 5 minute.

Ending: Now the scramlded eggs with tomatoes is already ready, you can serve with your parents and friends and it with rice.

图4

教学反思：该环节是本节课的重点，至少要留出20分钟的时间来完成，这样才能有反馈时间，从而提高课堂教学的有效性。

教学小提示：学生在进行分工合作时，教师要适当地参与，甚至干预。

5. 布置作业

（1） 独立完成一份菜谱的写作，注意连词和过渡句的恰当使用。

（2） 用你今天设计的菜谱制作一道菜，邀请你的家人共同品尝，并拍照上传制作过程和成品。

六、教学技术应用及融合

教学流程	教学环节	技术应用
导入新课	free talk	无
课堂活动	以旧带新，复习巩固	神奇墨水、拖曳、资源库
	导入篇章，促进写作	显露器、隐藏与显示、拖曳、遮挡、锁定
	合作写食谱	计时器、投屏、自由批注
总结提升	布置作业	无

连通世界的新航路

一、基本信息

学科：历史

课程名：连通世界的新航路

课程章节：第六单元第 1 课

年级：八年级

教材版本：人教版

授课教师：戚梅

二、教学目标

1. 知识与技能

（1）理解新航路开辟的原因和条件。

（2）知道新航路开辟的经过，了解西方航海史上的壮举。

（3）学会辩证地评价历史人物和历史事件。

2. 过程与方法

通过讨论，探究复杂的历史事件和历史人物，正确认识个人在历史发展过程中的作用。

3. 情感、态度与价值观

学习探险家们勇于进取的开拓精神，学会理性思考，发展辩证思维。

三、教学重难点及突破措施

1. 教学重点

教学重点为通过探究新航路开辟的原因，提高有理有据地分析问题的能力。为突破这一教学重点，教师使用白板中的“插入媒体”功能播放相关视频，帮助学生直观理解开辟新航路的必要性，并使用白板中的“透视镜”工具，使学生直观地感受科学技术对人类历史的推动作用。

2. 教学难点

教学难点为通过分析新航路开辟的影响，学会历史事件的分析和评价方法。为突破这一教学难点，教师使用白板中的“拖曳”功能，解决教学中历史史料过多，而屏幕面积有限的矛盾。同时使用白板中的“圈注”功能，让学生通过在史料中圈注关键词来分析问题，得出相应结论，从而引导学生学会用“一分为二、史论结合”等方法来分析历史事件。

四、学情分析

在学习《连通世界的新航路》之前，八年级学生已经学习了中国古代史和世界古代史。新航路的开辟，使世界从分散、隔绝的状态走向一个相互联系的整体，是世界向近代社会迈入的过渡时期，这与中国和世界的古代史和近代史都有着纵向和横向的联系。八年级学生对历史有着浓厚的兴趣，但对于历史知识的储备不足，对历史的了解往往存在较多的“碎片化”现象，对历史人物和事件的评价存在全面肯定或否定态度，需要教师加以引导。

五、教学过程

1. 创设情境

环节目标：渲染课堂气氛，调动学生学习的积极性。

教师活动：展示两幅世界地图（分别是1420年和1620年左右的世界地图），让学生观察，并指出两者的明显差异。引导学生思考地图内容的变化与哪一重大历史事件关系最大，由此导入新课。

学生活动：观察和比较两幅世界地图的明显差异，思考相关的历史事件。

技术应用：使用白板中的“限制器”工具制作“卷轴”，逐步展现不同时期的两幅世界地图。

教学反思：伴随着“卷轴”的打开，学生会发现不同历史时期的世界地图有很明显的差异。学生纷纷表述两者的差异，从而引出差异产生的主要原因——新航路的开辟，既引出了课题，也为本节课难点的学习做了铺垫。

教学小提示：“卷轴”的制作涉及白板中的“限制器”“图片排放”“层的分布”

等多种操作，前期制作完成后，需要操作一遍并及时保存，以防课堂操作中出现问题。制作完的“卷轴”可以放入“资源库”，以备随时使用。

2. 历史重温篇——重走新航路

环节目标：了解新航路开辟的路线和过程，感受航海的艰辛，学习航海家勇于探索的精神。

教师活动：展示世界航海图和四位主要航海家的图像及相关船只，让学生演示或描述航海家的航海史实及主要航海路线。

学生活动：学生代表在白板上一边拖动船只模拟航海路线，一边讲解新航路开辟的相关史实，其他学生进行补充和完善。在此基础上，用表格总结新航路开辟的相关事件（见图 1）。

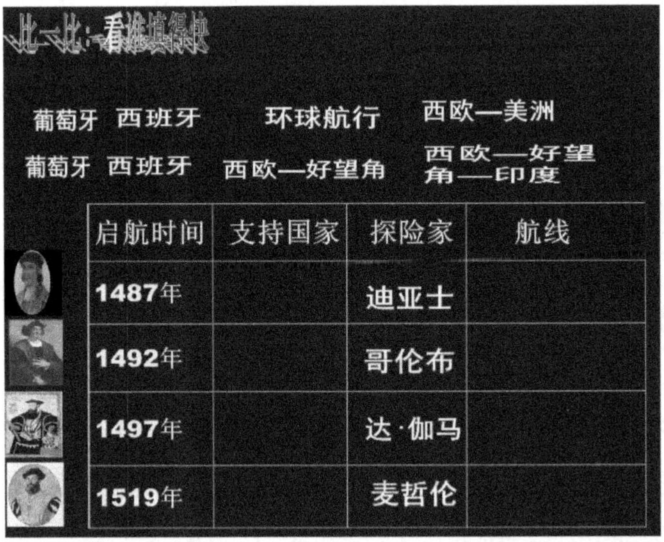

图 1

技术应用：使用白板中的“拖动副本”功能，灵活地制造出多艘船只；使用白板中的“拖曳”功能代替“容器”功能，让学生在白板上总结这一环节的知识点。

教学反思：依赖传统的教学技术，只能简单地显示世界航海图，缺乏灵活性和互动性。在白板教学中，学生可以根据需要拖动地图上的船只，呈现直观的动画演示效果。让学生上台到白板上演示，使得教学更灵活，发挥了学生的主观能动性，其他学生为了得到上台纠正的机会，都听得特别认真，抢着将自己知道的故事和大家分享。这一环节的教学增强了师生互动，生生互动，以及学生与知识的互动，提高了课堂效率。新技术的使用，使学生在学习的过程中将历史知识与地理知识相结合，便于学生搭建清晰的时间观和空间观，史地结合，对历史知识融会贯通。

教学小提示：白板中的“拖动副本”功能操作极其简单，设置时直接点击工具栏中的“拖动副本”按钮，就能无数次复制和拖动帆船。如果学生操作错误，可直接将船只拖到“垃圾桶”，重新拖出新的船只进行演示，灵活性强。

3. 历史解惑篇——新航路开辟的原因和条件

环节目标：了解新航路开辟的原因和条件，增强文化自信，感受探索创新的人文精神对历史的推动作用。

教师活动：

解惑 1——探究新航路开辟的原因。

解惑 2——探究新航路开辟的条件。

解惑 3——探究西班牙和葡萄牙走在世界航海前列的原因。

学生活动：运用图片资料、文字资料和白板中插入的视频资料探究新航路开辟的原因。结合地图学习奥斯曼土耳其如何阻断传统商路。归纳新航路开辟原因中的根本原因和动机，并在白板上标记。根据图片资料，寻找新航路开辟的条件，并在白板上标记其中的主观与客观条件。根据白板上的航海图和教材上的文字资料，分析西班牙、葡萄牙走在航海前列的原因。

技术应用：使用白板中的“插入媒体”功能，帮助学生探究新航路开辟的原因。使用白板中的“圈注”功能，让学生在白板上圈出奥斯曼土耳其阻断新航路的大致范围。使用白板中的“拖动副本”功能，帮助学生进行选择和标记。使用白板中的“透视镜”工具（见图 2），帮助学生寻找教材中久远而模糊的图片资料中的细节。使用“自由批注”功能，帮助学生分析新航路开辟的主、客观条件。用白板中的“拖曳”功能代替“拉幕”工具，自由拖放世界航海图。

教学反思：在教学过程中，发现大部分女生的空间感不强，使用白板中的“圈注”功能圈注地理位置时容易圈错，这时就可以使用白板中的“橡皮擦”或“撤销”功能，重新让学生在地图上进行圈注。克服了原先不能在地图上乱涂乱画的局限性，提高了学生运用地图的能力，也增强了课堂的互动性。

图 2

4. 历史影响篇——新航路开辟的影响

环节目标：正确认识新航路开辟对整个世界造成的影响，感受历史发展的对立统一性。

教师活动：准备多种文献资料，让学生根据史料分析新航路开辟的影响。

学生活动：根据史料分析新航路开辟的影响，在白板上圈注材料中的关键信息，学会分析历史事件的方法，即一分为二，辩证分析；史论结合，论从史出。

技术应用：使用白板中的“拖曳”和“缩放”功能，根据需要放大或缩小多个图片材料，解决历史史料多而屏幕面积有限的矛盾；使用“图注”功能，在白板上圈注关键信息。

教学反思：在这一教学环节中，要求学生根据史料分析历史事件，学会“一分为二，辩证分析；史论结合，论从史出”的分析方法，这是本堂课的教学难点。使用白板中的“拖曳”功能和“圈注”功能，能够在材料中圈注关键信息，分析史料，得出相应的结论，培养学生运用史料分析、评价历史事件的能力。

教学小提示：有关新航路开辟的影响的材料较多，在拖曳过程中，注意合理布局。此外，教师还要熟悉材料，便于随时调出相关材料，根据学生现场出现的问题，进行有针对性的分析。

5. 课堂小结

教师总结：本节课，我们通过重温篇重走新航路，感受到了航海家的求知精神和探险精神；通过解惑篇，探究新航路开辟的原因和条件，感受到了科技对历史的推动作用；通过影响篇，分析新航路开辟的影响，学会用辩证的思维看待历史事件。你还有哪些收获？可以写成历史小论文与大家分享你的观点。

六、教学技术应用及融合

教学流程	教学环节	技术应用
导入新课	创设情境	限制器
课堂活动	历史重温篇——重走新航路	拖动副本、拖曳
	历史解惑篇——新航路开辟的原因和条件	插入媒体、圈注、拖动副本、透视镜、拖曳、自由批注
	历史影响篇——新航路开辟的影响	拖曳、缩放、圈注
归纳总结	课堂小结	无

沃尔塔瓦河

一、基本信息

学科：音乐

课程名：沃尔塔瓦河

课程章节：第四单元第 2 课

年级：八年级

教材版本：人民音乐出版社出版

授课教师：虞蕾琼

二、教学目标

1. 知识与技能

（1）了解捷克民族音乐之父——斯美塔那的代表作。

（2）认识民族乐派的音乐特点。

2. 过程与方法

通过欣赏交响诗《沃尔塔瓦河》，从旋律、节奏、音色、调式、曲式等音乐要素去感受、分析、理解音乐作品。

3. 情感、态度与价值观

增强对管弦乐的学习兴趣，提高音乐审美品味和修养。

三、教学重难点及突破措施

1. 教学重点

教学重点为分段聆听乐曲，把握乐曲的结构和内容。

2. 教学难点

教学难点为用音乐要素来分析音乐特点和表现情境。

为突破教学重点和教学难点，教师使用白板中的“注释”“资源库”“容器”“拖曳”等功能进行教学，在这些功能的使用中，教学目标得以顺利达成，教学重难点得以突破，教学效果明显。

四、学情分析

对于八年级的学生来说，虽然已经接触了许多中外管弦乐曲，并对管弦乐曲的艺术表现力有所感受和体验，但他们对管弦乐队所使用的乐器和音乐表现力了解不够，且学生与学生之间的认知水平和经验差异比较大。

五、教学过程

1. 揭示课题

环节目标：感受乐曲意境，了解作品相关知识。

教师活动：和学生一起欣赏竖琴演奏版《沃尔塔瓦河》，引导学生讨论乐器的音色和作品的情感表现，带领学生复习管弦乐队部分乐器的相关知识。出示图片，让学生说出图片上的乐器名称。

学生活动：欣赏竖琴版《沃尔塔瓦河》，并与同学进行交流、讨论，了解作品背景和作曲家斯美塔那，说出图片上的乐器名称（长笛、单簧管、双簧管、小号、圆号、定音鼓、小提琴等）。

技术应用：使用白板播放视频、展示图片。

教学反思：通过播放视频、展示图片，让学生拥有更直观的体验，吸引学生主动参与音乐活动，激发学生的学习兴趣。

2. 围绕要素，分段赏析，感受情境

环节目标：学会用音乐要素分析音乐的特点和表现情境。

教师活动：和学生一起聆听不同主题的乐曲片段，选择相对应的图片，让学生进行排序并说明理由（见图 1）。

学生活动：聆听不同主题的乐曲片段，选择相对应的图片，进行排序并简述理由。思考并讨论这些主题的乐曲分别是用什么乐器来演奏的，所描绘的是什么场景。

技术应用：使用白板中的“拖曳”功能，方便学生对图片进行排序。

教学反思：根据音乐主题，拖曳相应的图片，进行排序，加深了学生对音乐主题的印象，这种游戏化的学习方式比较受学生的喜爱。用移除图片的方式来揭示谜底，

加深了学生对所学知识的印象，也提高了学生的学习乐趣。

图 1

教学小提示：等学生操作完，再通过反复播放不同主题的音乐来明确答案，更能够促进学生的思考。

3. 把握概念，完整欣赏，明晰结构

环节目标：提高分析乐曲整体结构的能力。

教师活动：向学生介绍交响诗和民族乐派。和学生一起观看指挥家卡拉扬的演出视频，帮助学生理清乐曲的结构，组织学生讨论作品所表现的情感。让学生听辨音乐主题，并选择正确的排列顺序。出示连线题，请学生连线。

学生活动：了解交响诗和民族乐派的相关知识。观看指挥家卡拉扬的演出视频，理清乐曲的结构，讨论作品所表现的情感。听辨音乐主题，并选择正确的排列顺序。上台完成连线题，再通过集体讨论得出正确答案。

技术应用：使用白板中的“资源库”功能，播放不同主题的音乐；使用白板中的“容器”功能，帮助学生巩固对音乐结构的认识；使用白板中的“笔”工具，帮助学生理解音乐结构。

教学反思：通过观看视频，学生对音乐有了更直观的体会。在观看过程中，引导学生听辨相应的音乐主题，同时用“笔”工具依次画出，对学生理解音乐结构有非常大的帮助。让学生直接用“笔”工具在白板上做题，既直观又高效，达到了较好的复习效果。

4. 课堂小结，拓展延伸，情感升华

环节目标：总结民族乐派的创作特点。

教师活动：总结本节课所学内容，让学生读诗，并在诗中找关键句。

学生活动：读诗，在诗中找关键句。

技术应用：使用“笔”工具在白板上直接标出关键句，加深学生对民族乐派的理解。

教学反思：相关诗句的显示和关键句的查找，对顺利达成教学目标有较好的促进作用。

教学小提示：让学生上台用“笔”工具标出关键句，然后有感情地朗读诗句，能进一步促进教学目标的达成。

六、教学技术应用及融合

教学流程	教学环节	技术应用
导入新课	揭示课题	插入媒体
课堂活动	围绕要素，分段赏析，感受情境	拖曳
	把握概念，完整欣赏，明晰结构	资源库、容器、笔
拓展延伸	课堂小结，拓展延伸，情感升华	笔

灯的故事

一、基本信息

学科： 物理

课程名： 灯的故事

课程章节： 第三单元第 6 课

年级： 九年级

教材版本： 浙教版

授课教师： 周蒙蒙

二、教学目标

1. 知识与技能

（1）复习电功、电功率及相关公式。

（2）会读电能表，会用电能表计算用电器消耗的电能。

2. 过程与方法

（1） 通过设计实验方案，掌握电功率的测定方法及过程。

（2） 通过对不同灯泡的铭牌信息进行分析，明晰实际功率和额定功率的关系，提高收集和处理信息的能力。

3. 情感、态度与价值观

渗透新课程标准中“从生活走向物理，从物理走向社会”的理念，养成节约用电的习惯。

三、教学重难点及突破措施

1. 教学重点

教学重点为理解灯泡亮度与实际功率的关系。为突破这一教学重点，教师使用白板中的“隐藏与显示”功能，将三类灯的特点及发明的先后顺序逐一展现，使线索更清晰。并通过比较三类灯的功率与亮度，引导学生理解灯泡亮度和实际功率的关系。

2. 教学难点

教学难点为计算电动机线圈的内阻。为突破这一教学难点，教师使用白板中的“透视镜”工具，展示电动机内部的结构，加深学生的印象，帮助学生理解。并使用“显露器”工具和“隐藏与显示”功能，逐步呈现文本，设置悬念，帮助学生正确理解知识。

四、学情分析

学生之前学习过电能的知识，但对电能的应用不够了解，也没有接触过电动机。九年级的学生已具有一定的分析和解决问题的能力，教师要转变角色，变知识的传授者为学生学习的引导者、参与者和合作者。为了培养学生学习的自主性和能动性，教师使用白板中的多种功能进行教学，并运用观察法、小组讨论法等教学方法，突破教学重难点，达成教学目标。

五、教学过程

1. 揭示课题

环节目标：集中学生的注意力。

教师活动：播放“灯光秀”视频，引发学生思考。

学生活动：观看视频，思考灯光与本节课的关联。

技术应用：在白板中插入视频，并播放。

教学反思：通过可视化的教学资源，可以使学生的注意力更加集中。

2. 导入新知识及对应习题

环节目标：认识三类灯的能量转化效率。

教师活动：逐一展示白炽灯、节能灯及LED灯的图片，并提出问题，“为什么LED灯取代了其他两类灯，占据市场主导位置”，引发学生思考。使用“隐藏与显示”功能介绍电路图，将电路图简化，帮助学生更好地理解电路的变化。学生思考并回答问题后，展示两道可检测学生知识掌握程度的练习题，让学生完成，并请一两位同学回答。

学生活动：了解三类灯的发展过程，思考并回答问题。完成练习题。

技术应用：使用白板中的“隐藏与显示”功能，逐步显示图片，使线索更清晰。

教学反思：使用“隐藏与显示”功能可以明确教学主线，防止所有内容同时呈现，以免分散学生的注意力。

教学小提示：“隐藏与显示”功能还可以作为分类工具使用。

3. 测定小灯泡的电功率

环节目标：掌握测定小灯泡电功率的方法及原理，学会连接实物图。

教师活动：通过情境引出问题，“如何测定小灯泡的电功率”，然后使用数字化资源向学生展示测定小灯泡电功率的方法及原理，并简单介绍连接实物图的方法。引导学生进行小组讨论，求出问题的最优解。最后请学生上台在白板上完成实物图的连接。

学生活动：先分组进行讨论，完成实验设计方案，并将实验设计方案写在助学单上。然后上台在白板上完成实物图的连接（见图 1）。

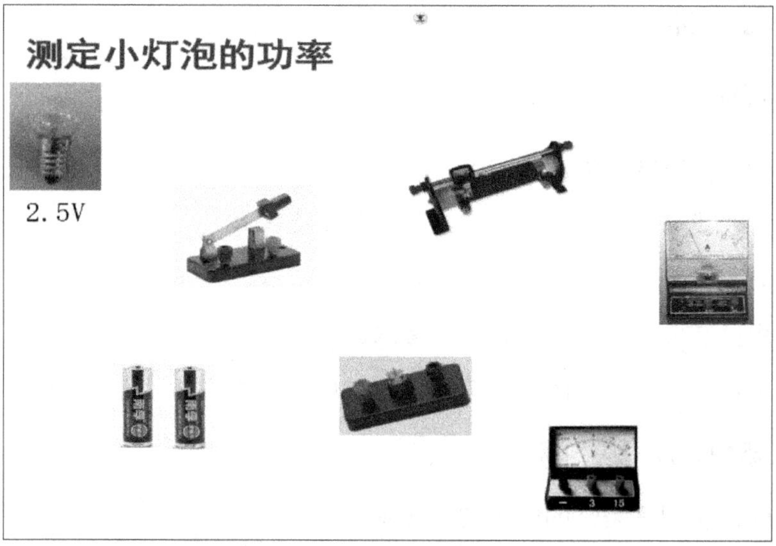

图 1

技术应用：预先在“资源库”中导入电路元件资源，便于学生自主拖动图片，完成电路图的连接；使用白板中的“计时器”工具，加强学生的时间观念。

教学小提示：“资源库”中的内容是储存在电脑中的，如果该资源需要在其他电脑上使用，则需将资源包导出，与课件放在同一个可移动存储设备中。

4. 连接电路图

环节目标：学会连接电路图。

教师活动：组织学生进行小组讨论，分析如何将实物图转化为电路图。在“资源库”中拖出课前做好的“方框容器”，请两位学生上台在白板上操作，其中一位学生在框内画出电路图，另一位学生在另一个方框中画出电路图（见图 2），画完后，将两幅图进行比较。

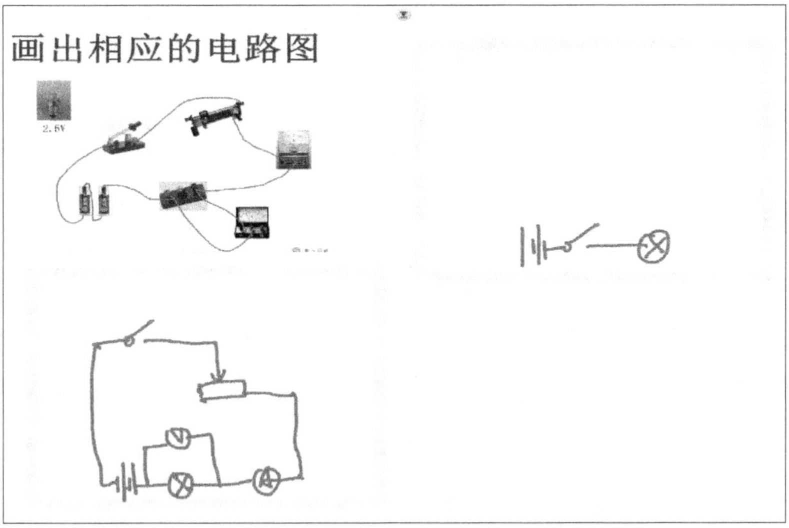

图 2

学生活动：小组讨论后，两位学生上台将实物图改为对应的电路图。

技术应用：使用白板中的“容器”功能和“笔”工具，让学生上台进行自主操作。

教学反思：使用“容器”功能，将不同的答案放在一起比较，学生可以更加直观地比较两种答案的不同之处。

5. 电动机

环节目标：学习电动机的相关知识。

教师活动：使用“透视镜”工具展示电动机的内部结构（见图 3），加深学生的印象，帮助学生理解其内部结构。然后请学生上台解答相关习题。

学生活动：通过观察电动机的内部结构，思考并回答问题，然后在学习单上写明解题过程。

下图是直流电动机提升重物的示意图，电源电压为 36V，且保持不变，电路中的电流是 2A，质量为 8kg 的重物在电动机带动下以 0.8m/s 的速度均速上升，不计各处摩擦力，则电动机线圈的电阻是（g 取 10N/kg）（　　）

A．18Ω　B．8Ω　C．2Ω　D．4Ω

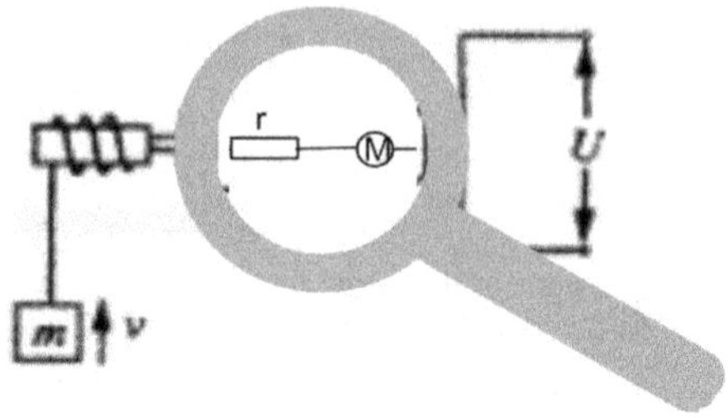

图 3

技术应用：使用白板中的“透视镜”工具，展示电动机的内部结构。

教学反思：电动机的内部结构是本节课的难点，通过“透视镜”工具，让学生更加直观地了解电动机的内部构造，有利于突破教学难点。

教学小提示：使用“神奇墨水”制作“透视镜”的步骤较多，做完后可作为一个资源，存放在“资源库”中，方便随时调用。另外，“神奇墨水”只对上层对象起作用，因此，放置图片时需要考虑层的排布。

6. 课堂小结

环节目标：巩固所学知识。

教师活动：布置习题，给学生 5 分钟的时间思考问题，然后请学生回答问题。

学生活动：将本节课的知识内化，思考并回答问题，与小组成员讨论，并完成助学单上的题目。

技术应用：使用白板中的“显露器”工具，逐步呈现文本，设置悬念，提升学生的兴趣。

教学反思：这一环节以习题形式检测学生对知识点的掌握情况，使用“显露器”工具，一步步呈现知识点，减少其他文本信息的干扰，让学生一步步得出结论。

六、教学技术应用及融合

教学流程	教学环节	技术应用
导入新课	揭示课题	插入媒体
课堂活动	导入新知识及对应习题	隐藏与显示
	测定小灯泡的电功率	资源库、计时器
	连接电路图	容器、笔
	电动机	透视镜
知识巩固	课堂小结	显露器

中国社会主义建设的探索与改革开放的起步

一、基本信息

学科：历史

课程名：中国社会主义建设的探索与改革开放的起步

课程章节：第六单元

年级：九年级

教材版本：人教版

授课教师：屠幼芬

二、教学目标

1. 知识与技能

能够列举中华人民共和国的建立及社会主义基本制度确立的重要史实。

2. 过程与方法

（1）通过“论从史出，史论结合”的历史学习方法，提高从图片、文字等史料中获取信息的能力。

（2）积极参与合作探究，在与他人的交流中学会理性思考和辩证思考。

3. 情感、态度与价值观

体会中国探索社会主义道路的艰辛。

三、教学重难点及突破措施

1. 教学重点

教学重点为掌握确立社会主义基本制度的重要史实，了解社会主义建设初期在政治、经济、外交领域的伟大成就。为突破这一教学重点，教师使用白板中的“缩放”“拖曳”功能，将历史事件通过图片的形式进行展示，并根据学生的需要对图片进行缩放，体现以学生为中心的教学理念。同时，使用白板中的“容器”功能，让学生在白板上将社会主义建设初期政治、经济、外交领域的伟大成就进行分类，既能及时发现学生的问题，又能引发学生思考，深化学生对所学知识的理解。

2. 教学难点

教学难点为理解走中国特色社会主义道路的必要性。为突破这一教学难点，教师在合作探究环节，让学生选取适当的史料，来概括新中国成立后不同历史时期的特点。并使用白板中的“圈注”和“书写”功能，让学生正确解读中国各个阶段的历史，从而理解走中国特色社会主义道路的必要性。

四、学情分析

本课为九年级下册第一轮复习课，学生对历史有着浓厚的兴趣，但缺乏对历史知识和脉络的整体理解和把握，对历史的了解往往是碎片化的。因此，需要教师加以引导。本节课教师使用白板中的多种功能进行教学，增强师生互动和生生互动，从而提高学生的学习效率。

五、教学过程

1. 创设情境

环节目标：渲染课堂气氛，调动学生的学习积极性。

教师活动：展示《时代周刊》上的封面，使学生认识到这些封面代表了新中国成立以来的历史变迁。然后请学生给教师推荐一本世界级的杂志。

学生活动：认识《时代周刊》上的封面，了解新中国成立以来的历史变迁，并给教师推荐一本世界级的杂志。

技术应用：使用白板中的“百宝箱”工具展示世界知名杂志；使用白板中的“卷轴”工具展开本课主题；使用白板中的“隐藏与显示”功能展示考点；使用白板中的“圈注”功能，让学生理解涉及到考点的核心知识。

教学反思：使用白板中的“百宝箱”工具向学生介绍世界知名杂志，并展示《时代周刊》里与中国有关的封面人物，增加神秘感，又有很强的历史带入感，激发学生对本课的学习兴趣。

教学小提示：“卷轴”工具的制作涉及“限制器、图片排放、层的分布”等多种操作，前期制作完成后需要操作一遍，并及时保存，以防课堂操作时出现问题。制作完的“卷轴”可以放入“资源库”，以备随时使用。

2. 一组图片，叙说历史事件

环节目标：掌握与考点相关的重要史实。

教师活动：展示 12 张史料图片，要求学生快速说出图片中的历史事件，并让学生上台对 12 个史实进行分类。

学生活动：快速说出图片中的历史事件，将以上史实分类，并上台用白板中的“笔”工具将相关史实的数字编号拖拉到相关分类中。

技术应用：使用白板中的“缩放”功能，呈现多张图片；使用白板中的“容器”功能和“笔”工具，让学生在白板上对史实进行分类。

教学反思：在 PPT 等传统授课软件中，一个页面能够展示的图片数量是有限的，但白板中的“缩放”功能解决了这一难题。使用“容器”功能让学生在白板上对史实进行归类，增加了课堂的互动性和学生的参与度，同时可以及时发现学生的错误，请其他学生进行纠错，既实现了师生互动，又实现了生生互动。

教学小提示：使用白板中的“容器”功能时，要注意在备课时对图片对象进行区分，列出关键字，因为一个“容器”只能识别一个关键字。学生上台操作时，教师可以使用白板中的“批注”功能对图片加以说明，教学效果更佳。

3. 一把尺子，梳理历史脉络

环节目标：对新中国成立后的这段历史进行梳理。

教师活动：展示新中国成立后的历史时期，要求学生将新中国成立后的历史分为四个不同的阶段，并命名。展示四幅《时代周刊》的封面及相关文字资料，要求学生分析四张封面分别属于哪个历史时期。

学生活动：上台在年代尺上画一画，将新中国成立后的历史分为四个不同的阶段，并命名。根据年代尺及相关图文资料，判断四张封面分别属于哪个历史时期。

技术应用：使用白板中的“神奇墨水”工具，展示不同的历史时期；使用白板中的“拖曳”“缩放”和“圈注”功能，帮助学生理解四个历史时期的特点。

教学反思：在这一环节中，让学生上台画年代尺，帮助学生从整体上把握历史脉络及框架，同时增强了师生互动。通过白板中的“缩放”“拖曳”及“圈注”功能解决了历史史料过多而屏幕面积有限的矛盾。

教学小提示：白板中的“神奇墨水”工具只对上层对象起作用，因此，编排图片时需要考虑层的排布。

4. 一种视角，剖析历史现象

环节目标：理解走中国特色社会主义道路的必要性。

教师活动：要求学生挑选新中国成立后的一个历史时期，从任意一个角度来剖析这段历史，并运用史实来说明自己眼中的这段历史，要求史论结合、逻辑严密。

学生活动：通过小组合作探究，选取适当的史料，正确评析新中国成立后不同历史时期的特点，学会分析历史事件的方法，即一分为二，辩证分析；史论结合，论从史出。然后谈谈从这段历史中得出的启示。

技术应用：使用白板中的“圈注”和“书写”功能，帮助学生正确解读新中国成立后不同历史时期的特点（见图 1）。

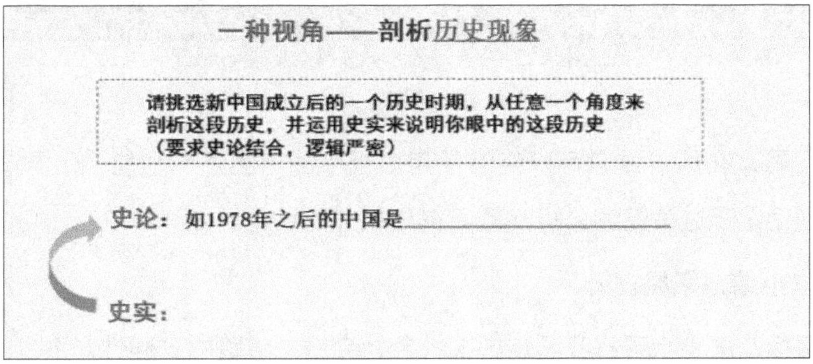

图 1

教学反思：在这一环节中，充分运用白板中的“圈注”和“书写”功能，让学生通过对中国各个阶段历史的正确解读，理解我国走中国特色社会主义道路的必要性，从而克服史料分析这一难点。

教学小提示：虽然白板中的“圈注”和“书写”功能可以作为帮助学生理解教学重难点的工具，但不要忽视板书的功能，建议将两者相结合，灵活应用。

5. 一道习题，检测目标是否达成

环节目标：检测复习效果。

教师活动：展示三道材料分析题，要求学生分析图片、文字等史料。

学生活动：阅读史料，解读史料中的关键字、词，根据不同题型的解题思路和

方法，得出三道材料分析题的答案。

技术应用：使用白板中的“圈注”功能，提高学生的解题能力；通过白板中的“拉幕”工具和“隐藏与显示”功能，根据教学需要，灵活地展示题目的答案（见图 2）。

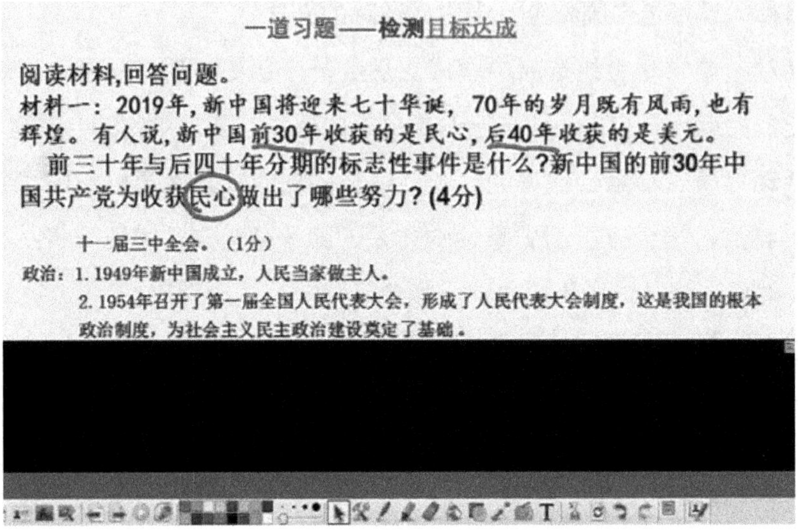

图 2

教学反思：在历史课中可以经常使用白板中的“圈注”功能，引导学生在史料中圈注关键词，通过关键词分析问题，得出相应的结论。

6. 课堂小结，拓展提升

环节目标：进一步理解我国走中国特色社会主义道路的正确性。

教师活动：展示图片及材料——越来越多的中国人登上了《时代周刊》的封面。提出问题，“世界从中国身上看到了什么”。

学生活动：观看图片，提炼信息。

技术应用：使用白板中的“透视镜”工具，引导学生透过现象看本质。

教学反思：在历史的学习中，透过现象看本质的能力十分重要。通过白板中的“透视镜”工具，能帮助学生理解现象背后的本质。

教学小提示：制作“透视镜”的步骤较多，做完后可将其作为一项资源存放在“资源库”中，方便使用时随时调取。

六、教学技术应用及融合

教学流程	教学环节	技术应用
导入新课	创设情境	百宝箱、卷轴、隐藏与显示、圈注
课堂活动	一组图片，叙说历史事件	缩放、容器、笔
	一把尺子，梳理历史脉络	神奇墨水、圈注、拖曳、缩放
	一种视角，剖析历史现象	圈注、书写
	一道习题，检测目标是否达成	圈注、拉幕、隐藏与显示
拓展延伸	课堂小结，拓展提升	透视镜

诚信是做人之本

一、基本信息

学科：政治

课程名：诚信是做人之本

课程章节：第一单元第 8 课

年级：九年级

教材版本：人教版

授课教师：陶长霞

二、教学目标

1. 知识与技能

（1）理解诚信的含义。

（2）认识诚信的价值和意义。

2. 过程与方法

通过探究活动，学会区分诚信与虚伪。

3. 情感、态度与价值观

在现实生活中自觉做到讲诚信，不做任何有失诚信的事。

三、教学重难点及突破措施

1. 教学重点

教学重点为认识诚信，了解诚信在生活中的重要性。为突破这一教学重点，教师让学生课前收集与诚信有关的图文、音视频等资料，并组织学生自编自演关于诚信的小品，让学生通过活动感受诚信的重要性。

2. 教学难点

教学难点为把诚信落实到日常生活中。为突破这一教学难点，教师通过课堂任务和成果展示，引导学生设疑解疑、讨论反思。

四、学情分析

九年级学生虽然对诚信有基本的认识，但由于生活阅历不够丰富，对于诚信的重要性仍缺乏深刻的认识。比如：情绪波动大、易冲动，在朋友面前会轻易许诺，而又不重视承诺的兑现；爱面子，为保全面子有时会不惜弄虚作假；对问题认识不够全面，容易被欺骗，等等。九年级学生具有整理和收集素材的能力，具有一定的组织和表达能力，能够合理地运用技术展示所收集的素材，汇报、反馈预习成果。教师需要做好课前指导，课堂上放手让学生去展示，大胆引导学生提出问题，并组织学生通过合作学习解决问题。

五、教学过程

1. 揭示课题

环节目标：导入课题，激发兴趣，培养学生的质疑能力。

教师活动：播放音乐视频——丁晓红演唱的《诚信中国》。引导学生讨论听完这首歌曲后的感受，导入本节课主题；并引导学生发现问题、提出问题。

学生活动：欣赏音乐，感受诚信之美。发现问题，提出问题。

技术应用：运用音乐视频导入新课，画面感强，有感染力，能激发学生的学习热情；使用白板中的“拉幕”工具，能增强课堂仪式感。

2. 探究新知

（1）引经据典话诚信

①活动一：名言警句我来说

环节目标：感悟诚信的作用。

教师活动：让学生分小组展示课前收集的名言警句。

学生活动：展示课前收集的名言警句，并说说自己的感悟。

技术应用：使用白板中的“页面跳转”功能，选择自己小组收集的名言警句，进行展示；使用白板中的“拖曳”“隐藏与显示”功能和“神奇墨水”“橡皮擦”工具，吸引学生的注意力，让他们主动参与到课堂活动中来。

教学反思：指导学生课前利用网络收集所需素材，培养学生筛选素材的能力，提升学生的信息技术素养。在组织学生进行小组分享之后，设计了“比一比，赛一赛”

活动，进一步提高学生充分利用课堂时间记忆所学知识的能力。

②活动二：信义故事我来讲

环节目标：感悟个人之信和国家之信的重要性。

教师活动：组织学生展示课前收集的关于诚信的小故事。

学生活动：分角色讲述故事。

技术应用：使用白板中的“页面跳转”功能，指导学生播放视频，进行配音秀。

教学反思：通过配音秀、分角色讲述的方式讲述故事，画面感强、互动性强、感染力强，更能吸引学生，引起共情，能更好地让讲述者和倾听者感悟诚信的重要性。

③活动三：“诚信”含义我来释

环节目标：探究诚信的含义，提高对知识的梳理和归纳能力。

教师活动：让学生分组进行合作探究，并选派发言人上台发表观点，计时 1 分钟。

学生活动：小组合作探究，根据前面的名言警句和小故事，谈谈对“诚信”的理解，并推选发言人。在总结环节，认真聆听并构建思维导图。

技术应用：使用白板中的“计时器”工具，提醒学生把握小组讨论时间。

教学反思：小组合作探究诚信的含义，能培养学生的合作精神和探究精神。运用纸质教具媒体构建思维导图，能培养学生的高阶思维能力。

（2）环顾四周觅诚信

环节目标：感悟诚信的重要性。

教师活动：让学生有序分享课前收集到的发生在自己身边的诚信故事。

学生活动：两名学生根据图片讲述身边的诚信故事，其他同学聆听并感悟故事中蕴含的道理。

技术应用：使用白板中的“资源库”功能，将对应图片拖入页面。

教学反思：在这一环节，教师只起到了穿针引线的作用，把课堂真正还给了学生，教师充当了课堂的组织者和辅助者，学生成了课堂的主人。

（3）“诚信”的意义

环节目标：理解诚信的意义。

教师活动：组织学生分组探究诚信的意义，并汇报讨论结果。

学生活动：小组合作探究，说感悟、谈意义，并推选发言人。

技术应用：使用白板中的“计时器”工具，培养学生的时间观念。

教学反思：小组合作探究诚信的意义，能培养学生的合作精神。运用纸质教具媒体构建思维导图，帮助学生归纳知识，培养学生的高阶思维能力。

（4）如果世界失去诚信

①活动一：做游戏

环节目标：感悟诚信的作用。

教师活动：使用动态图片和音频展示情景“假如你很富有，有七件行囊——金钱、荣誉、机敏、健康、诚信、美貌、才学，但你却搭上了一只危险的船，遇上了风浪，你将舍弃哪件行囊呢？如果只能留一件，你会留什么”。让学生上台操作，表达观点，并说明理由。

学生活动：在白板上操作，将要舍弃的行囊丢下帆船，并发表感言。

技术应用：插入动态图片和音频，创设情境，增强学生参与活动的真实感；使用白板中的“重置页面”工具，让多名学生上台操作。

教学反思：本环节创设的情境，让学生有身临其境的感受，达到以游戏促学习的目的。

②活动二：失信事例

环节目标：明白失信的危害。

教师活动：让学生分享课前准备的失信事例。

学生活动： 讲述失信事例，其他学生聆听并感悟失信的危害。

技术应用：使用白板中的“资源库”功能，拖入素材；使用 “聚光灯”工具，提高学生的课堂参与度。

教学反思：失信事例的展示运用了白板中的“资源库”功能，前面的“环顾四周觅诚信”也用到了“资源库”，两者不同的是，觅诚信环节，分享者从“资源库”中拖出的是图片，失信事例环节，从“资源库”中拖出的是对应的页面。

③活动三：表演小品《考试记》

环节目标：进一步感悟失信的危害。

教师活动：让学生表演小品，教师同时使用手机直播小品。

学生活动：几名学生表演小品，其他同学观看并感悟其中蕴含的道理。

技术应用：使用手机中的“直播”功能，直播学生表演小品的过程；使用白板中的“投屏”功能，将手机直播页面同屏到大屏幕上。

教学反思：使用“直播”功能，有效地吸引了学生的注意力，让教室各个位置的学生都能清楚地观看小品表演。

④失信的危害

环节目标：归纳失信的危害。

教师活动：让学生分组讨论失信对我们的影响，并选派发言人归纳失信的危害。

学生活动：小组合作探究，并选派发言人发言。

教学反思：在此环节中，学生是白板的操作者，是课堂活动的表演者，是探究活动的执行者。教师充当了学生的指导者、学生活动的拍摄者、课堂活动时间的掌控者，充分展示了以学生为主体、教师为主导的教学模式。

（5）1 分钟演讲

环节目标：明白怎样才能做到诚信。

教师活动：让学生分组讨论怎样才能做到诚信，然后以诚信为主题，发表 1 分钟演讲。

学生活动：小组讨论，并推选发言人进行 1 分钟演讲。

教学反思：1 分钟演讲是为了升华主题，通过小组合作培养学生的合作精神。

3. 总结归纳

环节目标：总结本节课所学知识。

教师活动：先让学生归纳本节课所学知识，然后请一位同学根据大家的回答，将本节课的思维导图展示出来。

学生活动：归纳本节课所学知识，并通过思维导图展示本节课的知识结构。

技术应用：使用白板中的“形状”和“连接器”工具，预设思维导图元素。

4. 学以致用

环节目标：升华主题，培养诚信的品质。

教师活动：让班长带领全班同学做诚信宣言，并播放视频，让学生跟着视频一起唱《世纪的约定》。

学生活动：起立，握拳，跟着班长一起宣誓。跟着视频放声歌唱。

教学反思：增强了宣言活动的仪式感，让学生在优美的歌声中产生共情，让诚信的力量扎根心底。

5. 布置作业

环节目标：铭记诚信，立志做一个诚信的人。

教师活动：布置作业，总结小组得分情况。

学生活动：用一生的时间去完成“诚信”作业。

技术应用：使用白板中的“隐藏与显示”功能，总结小组得分。

教学反思：点击白板上的大树，就能显示出大大的黄色艺术字“人”，从视觉上启发学生，要做一位诚信的黄皮肤中国人。

六、教学技术应用及融合

教学流程	教学环节	技术应用
导入新课	揭示课题	插入媒体、拉幕
课堂活动	探究新知	页面跳转、隐藏与显示、拖曳、神奇墨水、橡皮擦、资源库、重置页面、聚光灯、直播、计时器、投屏
	总结归纳	连接器、形状
	学以致用	无
知识巩固	布置作业	隐藏与显示

高中篇

二氧化硅和硅酸

一、基本信息

学科：化学

课程名：二氧化硅和硅酸

课程章节：第四单元第 1 课

年级：高一

教材版本：人教版

授课教师：应施青

二、教学目标

1. 知识与技能

了解硅及其化合物的广泛用途。

2. 过程与方法

（1）以非金属知识的学习为线索，进一步掌握学习物质及其化学性质的一般方法，提高自主学习能力。

（2）通过实验操作，体会实验对认识和研究物质性质的重要作用。

3. 情感、态度与价值观

认识平凡而神奇的硅对人类文明所产生的重大影响，激发对新材料的好奇心。

三、教学重难点及突破措施

教学重点和难点均为二氧化硅的性质。为突破教学重难点，教师采用对比的方法，联系碳、二氧化碳等学生已有的知识经验来介绍硅、二氧化硅等新知识。对比是一种有效的学习方法，通过对比可加深学生对知识的理解。因此，应引导学生运用对比的方法来认识物质的共性和个性、区别和联系。碳和硅是同一主族中相邻的两种元素，它们的性质既相似又不同。教学时要突出硅的亲氧性，引导学生理解硅的两种存在形式——二氧化硅和硅酸盐。对于二氧化硅的化学性质，可启发学生根据二氧化硅和二氧化碳都是酸性氧化物这一特点，把它们的性质一一列出，加以比较，引导学生从二氧化硅稳定的化学性质出发，全面认识二氧化硅。

四、学情分析

硅是无机非金属材料的主角。硅及其化合物在诸多领域都有广泛的应用，应用前景也十分广阔。学生接触过硅的化合物，感性经验较为丰富，从感性经验上升为理性认识，这样学习起来具有亲切感。从认知规律来看，先学习硅及其化合物，比较符合学生的认知，学生学起来也较为轻松。

五、教学过程

1. 创设情境

环节目标：调动学生的积极性。

教师活动：在学生进入教室前循环播放视频《舟山群岛旅游宣传片》，学生入座以后自然而然会被大屏幕上的宣传片吸引，并围着教师讨论。此时教师适时地走近学生，询问学生平时的学习方法和对本节课所做的准备，拉近与学生之间的距离，为课堂上的互动奠定基础。

学生活动：观看《舟山群岛旅游宣传片》，与教师和同学交流。

技术应用：使用白板中的“插入媒体”功能。

教学反思：这一环节播放的视频时长为 4 分 14 秒，时长略长。

教学小提示：可以提前精简视频，将视频中与课堂内容紧密相关的画面留下即可。

2. 找出视频中与硅元素有关的内容，并分析

环节目标：引导学生将生活中出现过的硅材料找出来。

教师活动：重新播放视频，请一名学生上台，使用白板中的“照相机”工具，将视频中出现的含硅材料画面进行截图。引导学生分析图片中的硅元素存在的形式——“游离态”还是“化合态”，从而进一步分析硅及其化合物的物理和化学性质。

学生活动：上台将视频中出现的含硅材料画面进行截图，并分析图片中硅元素存在的形式。

技术应用：使用白板中的“照相机”工具，将视频中出现的内容迅速截图；使

用白板中的“垃圾桶”功能，将分析过的图片删除。

教学反思： 视频播放速度较快，学生截图较慢，导致出现的重复图片较多，增加了分析的工作量。另外引入环节占用的课堂时间过长。

3. 补充视频中未出现的含硅材料，并探索硅元素的性质

环节目标： 认识含硅材料及其应用。

教师活动： 让学生说出他们所知道的含硅材料，并引导学生根据硅元素在元素周期表上的位置，分析其化学性质。让学生推测可能的化学式，顺势导入实物照片，和学生一起进行比较、分析。

学生活动： 和同学、教师一起交流、讨论，积极发言。

技术应用： 使用白板中的“随机翻页”功能，增加趣味性；使用白板中的“资源库”功能，提前将视频和图片等资源放在指定位置，根据课堂需要，随时拖曳出来（见图 1）。

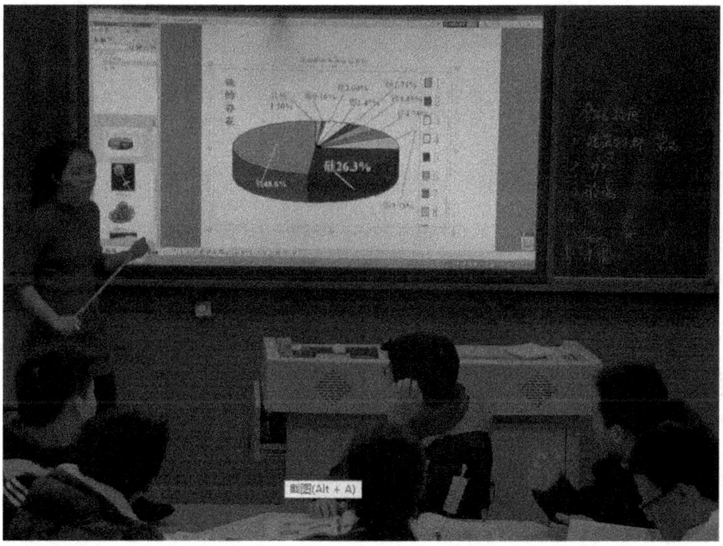

图 1

教学反思： 下次课前看看白板中有没有“建模”的功能，如果能让学生自己拼搭出二氧化硅的结构模型，课堂会更有意思，课堂效率会更高。

教学小提示： 在学生交流讨论时，教师可以用白板中的“笔”工具将学生的想法无差别地记录在白板上，对学生而言，听到和看到是两种不同的感受。也可以在学生互相质疑后进行修改，最终形成一份完整的硅元素的化学性质统计单。

4. 分析二氧化硅的性质，书写化学方程式

环节目标：推测二氧化硅的化学性质。

教师活动：总结硅元素的性质，引导学生根据二氧化碳猜测二氧化硅的化学性质，并书写相应的化学方程式。

学生活动：根据二氧化碳猜测二氧化硅的化学性质，并书写化学方程式。

教学反思：可以使用白板中的“书写”功能，及时将学生的化学方程式记录、点评并保存，以便下次使用时随时调取。

教学小提示：将二氧化碳的性质与二氧化硅进行类比时，更要注意两者的不同之处，这是更容易出现的考点，也是重难点。

5. 实验——制硅酸

环节目标：发现硅酸是通过可溶性硅酸盐与其他酸反应制得的。

教师活动：介绍硅酸的性质，引导学生进行实验验证。

学生活动：在试管中加入3～5毫升的Na_2SiO_3溶液（饱和Na_2SiO_3溶液按1 ：2或1 ：3的体积比用水稀释），滴入1～2滴酚酞溶液，再用胶头滴管逐滴加入稀盐酸，边加边振荡，当溶液中红色变浅并接近消失时停止。静置，仔细观察变化过程及现象。

教学反思：可以现场录制一段学生做实验的视频，回放视频，让学生回顾并反思。

教学小提示：实验结果其实是有误差的，虽然都能得到硅胶，但颜色的深浅不一，这一问题可以留给学生课后思考。

六、教学技术应用及融合

教学流程	教学环节	技术应用
导入新课	创设情境	插入媒体
课堂活动	找出视频中与硅元素有关的内容，并分析	照相机、垃圾桶
	补充视频中未出现的含硅材料，并探索硅元素的性质	随机翻页、资源库
	分析二氧化硅的性质，书写化学方程式	无
知识运用	实验——制硅酸	无

人类对原子结构的认识

一、基本信息

学科：化学

课程名：人类对原子结构的认识

课程章节：第三单元第 1 课

年级：高一

教材版本：苏教版

授课教师：林静静

二、教学目标

1. 知识与技能

（1）掌握原子的构成。

（2）知道构成原子的粒子间的关系。

（3）能根据原子的符号判断原子的构成。

（4）掌握质子数、中子数、质量数及核电荷数之间的关系。

2. 过程与方法

（1）通过概念辨析，掌握本节课的相关概念。

（2）通过学习原子结构模型的演变，了解科学家探究原子结构的艰难过程。

3. 情感、态度与价值观

树立科学的世界观，体会科学探究过程的艰辛。

三、教学重难点及突破措施

1. 教学重点

教学重点为掌握原子结构、质子数、中子数、质量数及核电荷数之间的关系。为突破这一教学重点，教师使用白板中的“聚光灯”工具和“隐藏与显示”功能，让学生追随着科学家对原子结构的逐步认识，自行分析原子结构中质子数、中子数和质量数之间的关系。

2. 教学难点

教学难点为理解元素、同位素、核素的关系。为突破这一教学难点，教师引导学生对概念进行辨析，从而寻找元素、同位素、核素之间的关系。通过白板中的“隐藏与显示”功能，组织学生进行答题比赛，使学生进一步巩固和理解元素、同位素和核素的概念。

四、学情分析

本章是高一化学的重点，而原子结构的知识是这一章中最基础的部分，必须加强对基本概念的教学。为了让学生掌握重点知识，突破难点知识，并体会科学进步的艰辛历程，教师使用白板中的“插入媒体”“照相机”“书写”“隐藏与显示”等功能进行教学，并结合观察法、信息处理法、归纳总结法等教学方法，有效突破教学重难点。

五、教学过程

1. 创设情境

环节目标：导入新课。

教师活动：播放视频，让学生了解科学家在科学探究过程中所付出的艰辛与努力。

学生活动：观看视频，获取信息。

技术应用：使用白板中的“插入媒体”功能和“照相机”工具，从视频中随时截取所需要的信息（见图 1）。

教学反思：这一环节播放的视频内容与本节课的主题密切相关，同时又是主题的延伸与拓展，有助于学生快速进入学习状态。

教学小提示：对于理论性较强的知识，利用现代化信息手段进行讲解，能快速吸引学生的注意力。

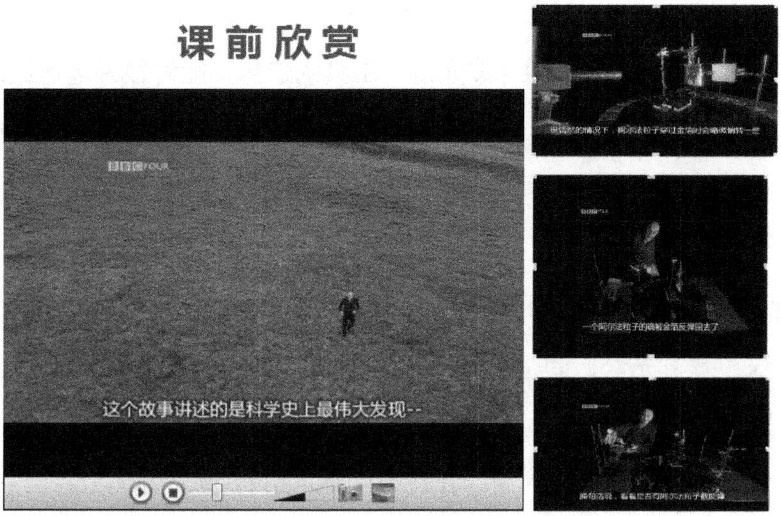

图 1

2. 追溯历史，归纳原子结构

环节目标： 感受科学家的科学精神，学会构建模型。

教师活动： 引导学生阅读教材中的相关内容。

学生活动： 根据教材中的内容快速获取有效信息，并对信息进行加工处理、总结归纳，然后进行小组汇报。

技术应用： 使用白板中的“聚光灯”工具展示图片（见图 2）；在学生汇报时，使用白板中的“隐藏与显示”功能，激发学生的兴趣。

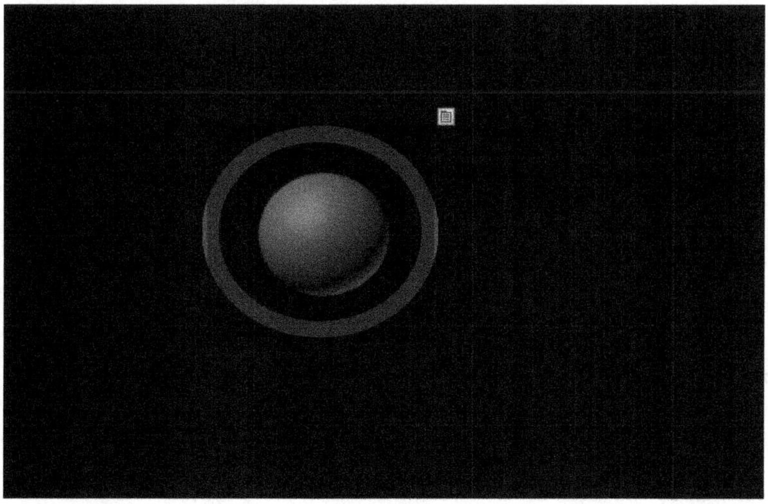

图 2

教学反思： 提高课堂的趣味性，使学生专注于课堂，是教学设计中需要重点考虑的地方。实际教学中，白板中“聚光灯”工具的运用，能够很好地达到这一目的。

教学小提示： 在学生阅读教材中的内容时，要想让每位学生都能够集中注意力，可以在阅读之前给学生提出一定的要求，充分调动每位学生的积极性，让每位学生都能真正融入课堂。

3. 辨析元素、同位素和核素的概念

环节目标： 辨析元素、同位素和核素的概念，并构建基本模型，找出三者之间的联系和区别。

教师活动： 展示两组相关例子，并提出问题，引发学生思考。

学生活动： 通过回答教师提出的问题，初步感受元素、同位素和核素的区别，同时找出三者之间的共同点。

技术应用： 使用白板中的“书写”和“隐藏与显示”功能（见图 3）。

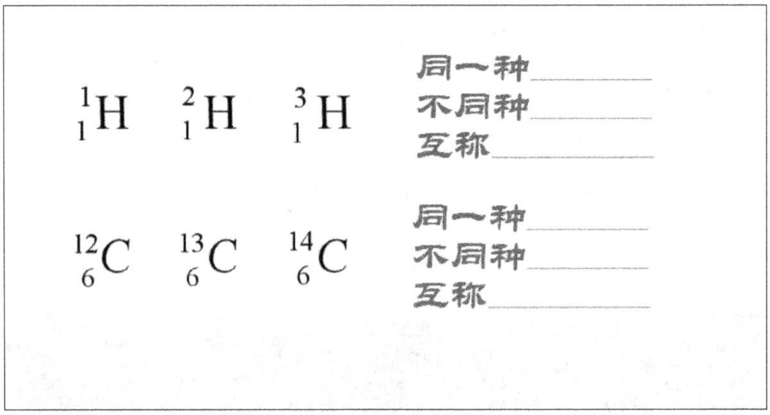

图 3

教学反思： 这一环节用到了“书写”功能，让学生将自己的总结写在白板上，向大家展示，还可以让有不同想法的学生在白板上展示，然后教师进行评价、总结。

4. 模型构建，提升总结

环节目标： 通过构建模型，使知识系统化、结构化。

教师活动： 将原子结构的历史演变过程用数轴的形式展现，并引导学生自主构建知识模型。

学生活动：自主构建知识模型。

技术应用：使用白板中的“拉幕”工具，提升学生的学习兴趣（见图 4）。

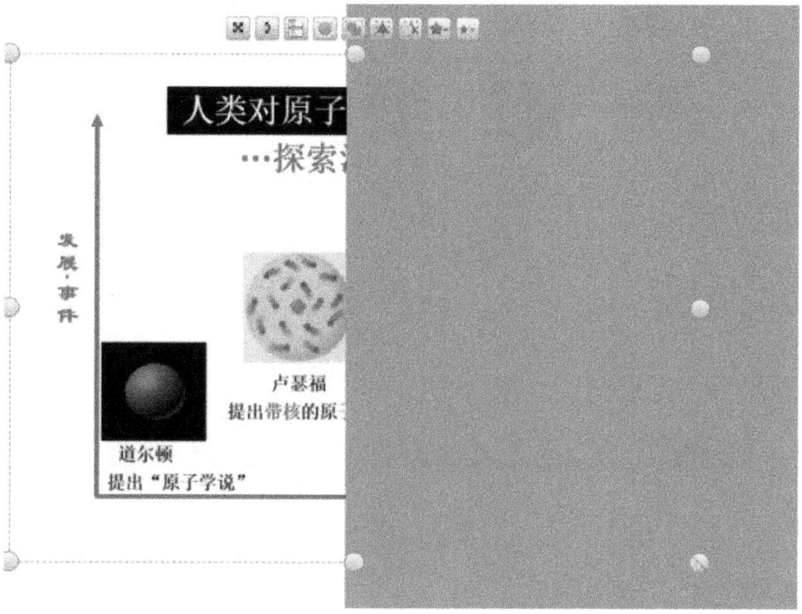

图 4

教学反思：构建知识模型是高中化学的核心素养之一，教师在平时的教学中需要不断地将其渗透，学生才能慢慢地具备化学学科的核心素养。

5. 一站到底，知识通关

环节目标：辨析概念，突破难点，巩固重点。

教师活动：课前准备好与本节课重难点内容相关的题目，组织“一站到底”的游戏，让学生在游戏中巩固重点，突破难点。

学生活动：参加“一站到底”游戏，进行挑战。

技术应用：使用白板中的“隐藏与显示”功能，让学生随机抽取题号，然后点击题号，显示题目（见图 5）。

教学反思：通过“一站到底”游戏，帮助学生巩固知识，游戏活动符合学生的心理特点，能起到很好的教学效果。

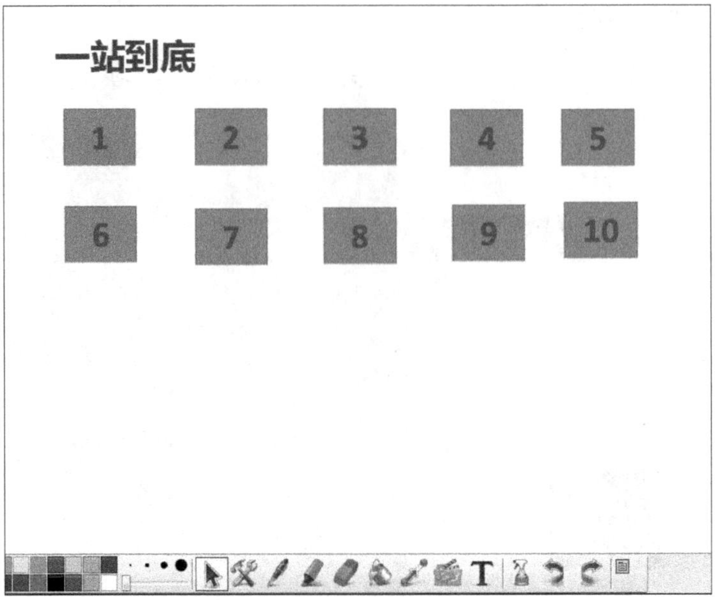

图 5

六. 教学技术应用及融合

教学流程	教学环节	技术应用
导入新课	创设情境	插入媒体、照相机
课堂活动	追溯历史，归纳原子结构	聚光灯、隐藏与显示
	辨析元素、同位素和核素的概念	书写、隐藏与显示
	模型构建，提升总结	拉幕
知识巩固	一站到底，知识通关	隐藏与显示

消费及其类型

一、基本信息

学科：政治

课程名：消费及其类型

课程章节：第一单元第 3 课

年级：高一

教材版本：人教版

授课教师：钟雨虹

二、教学目标

1. 知识与技能

（1）理解消费的类型及主要特征。

（2）认识影响消费水平的因素，尤其是当前可支配收入、未来预期收入、收入差距等。

（3）了解提高消费水平的具体措施。

2. 过程与方法

通过条件假设，探究影响消费水平的不同因素，提高学生深入分析经济问题的能力。

3. 情感、态度与价值观

增强忧患意识，养成正确的消费观，增强民族自豪感和责任感。

三、教学重难点及突破措施

1. 教学重点

教学重点为认识影响消费水平的因素。为突破这一教学重点，教师使用白板中的“拉幕”工具，分层次逐一呈现四个假设条件，在激发学生兴趣的同时将宽泛的假设进一步概括为精确的影响因素。然后使用白板中的“隐藏与显示”功能进行归纳总结，得出影响消费水平的因素。

2. 教学难点

教学难点为了解消费的类型及特征。为突破这一教学难点，教师创设情境，通过白板中的“隐藏与显示”功能激发学生的思考。运用白板中的“拖动副本”功能，及时、准确地反馈学生的观点。运用生成性教学资源突破教学难点，引导学生感知消费的不同类型，归纳不同消费类型的特征。

四、学情分析

本节课的授课对象为高一年级学生，“消费及其类型”一课是在学生学习了商品、货币、价格等知识的基础上学习的，同时是后续学习正确的消费观、生产与消费关系等知识的基础。“消费及其类型”是一节典型的“知识课”，学生在日常生活中积累了一定的消费经验，但几乎不了解日常的消费项目的类型，另外，学生缺乏贷款消费的直接经验，也未接触过恩格尔系数，这些正是本节课的难点所在。鉴于以上的学习难点分析，教师有意识地做了关于如何使用压岁钱的调查，结果显示：有70% 左右的学生能够合理使用压岁钱，会制订一些符合实际的消费计划，但也有一部分学生，在压岁钱的使用上仍需进一步引导。所以，有必要结合学生的认知能力及生活经验来进行教学设计。教师可以使用白板中的“隐藏与显示”“图层”“聚光灯”等功能，设计多个交互过程，努力营造一个以生为本、高效互动的课堂。

五、教学过程

1. 揭示课题

环节目标：展示“我的消费账单”，吸引学生的注意力。

教师活动：向学生提问——今天你消费了吗？进行了哪些消费？买东西的过程属于消费吗？然后出示“我的消费账单”，从生活中引出本课课题（见图 1）。

学生活动：通过回答教师提出的问题，观察教师的消费账单，思考问题。

技术应用：使用白板中的“隐藏与显示”功能，显示“我的消费账单”。

教学反思：在这一环节，从生活情景引出了本课课题，通过展示“我的消费账单”，吸引了学生的注意力。

图 1

教学小提示：问题的设置要简洁，直入主题，重点抓住“消费”这个关键词，引导学生辨析消费和交换的区别。制作完成的消费账单可以放入“资源库”，以备随时使用。

2. 自主归类，初步认识

环节目标：初步认识消费类型及其特征。

教师活动：使用白板中的“拖动副本”功能，请学生进行归类、演示，将食品、房贷、衣服、教师培训、旅游、交通、水电、租演出服装、生存资料消费、发展资料消费、享受资料消费、贷款消费、租赁消费、消费目的、交易方式等内容拖到项目类别中（见图 2）。然后通过提问引发学生思考贷款消费和租赁消费的特征。

图 2

学生活动：对消费项目进行分类，思考消费有哪几种类型，并归纳不同消费类型的特征。

技术应用：使用白板中的“隐藏与显示”功能，逐步呈现问题；使用白板中的“拖动副本”功能，把可能的分类情况及时记录下来。

教学反思：该环节是本课的难点之一，传统教学技术只能显示提前准备好的消费类型，学生在教师的引导下进行归类，这样的课堂容易将学生的思维限定在预设范围内，教学互动性和学生主体性较差。在白板教学中，借助“拖动副本”等功能，充分发挥了学生的主体性，直观地展示了分类的过程，师生互动良好，课堂效率较高。

教学小提示：学生完成分类后需说明这样分类的原因，其他学生如有不同意见，可继续进行分类，提高学生的思维能力。

3. 问题导思，突破难点

环节目标：判断不同时期的消费水平高低；正确计算恩格尔系数；正确理解恩格尔系数变化的原因。

教师活动：点击“隐藏”按钮，出示问题——通过对比账单，你认为哪一时期的消费水平更高？判断的依据是什么？学生回答后，展示关键词，用“图层”逐一揭示答案，引出恩格尔系数的含义和计算方式（见图 3），引导学生计算 2008 年和 2018 年两张账单的恩格尔系数，将学生的不同答案展示在黑板上，并通过白板展示最终答案，在白板上集中反馈注意事项。

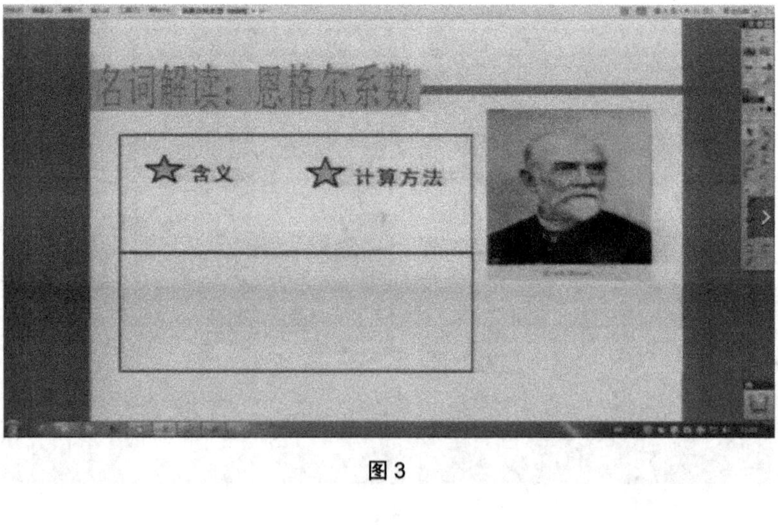

图 3

学生活动：对不同时期消费账单呈现的消费水平的高低进行判断。了解恩格尔系数的含义与计算方式，进行恩格尔系数的计算。通过错误的计算过程来辨析恩格尔系数的计算中投资性支出不算在家庭消费总支出内，以及恩格尔系数变小不代表食品支出的金额变小，而是整体比重的变小。

技术应用：使用白板中的“隐藏与显示”功能呈现问题；使用白板中的“图层”功能，逐一展示恩格尔系数的含义与计算方式；使用白板中的“笔”工具，记录学生的答案。

教学小提示：使用白板中的“隐藏与显示”功能时，最好能够结合板书的运用，将两者功能充分利用，动态调节课堂。

4. 拓展延伸，强化认知

环节目标：了解恩格尔系数变化的意义，树立民族认同感与责任感。

教师活动：点击“隐藏”按钮，出示国际上恩格尔系数对应的生活水平类型，向学生提问——随着恩格尔系数的变小，人们的生活水平发生了什么变化？舟山市、浙江省、全国的恩格尔系数分别处于哪一类水平？在学生讨论后，点击“隐藏”按钮，出示结论。

学生活动：根据国际标准，探讨恩格尔系数变小的意义。判断舟山市、浙江省、全国分别处于哪一类生活水平。

技术应用：使用了白板中的“隐藏与显示”功能，引起学生关注。

教学反思：在这一环节，学生能够感受到所居住城市的整体生活水平，增强了民族认同感与责任感。

教学小提示：该环节既可以用数据佐证现实情况的变化，也可以加入一个反映人们当前生活水平的小视频，更好地反映现实生活。

5. 条件假设，掌握重点

环节目标：归纳影响消费水平的因素。

教师活动：使用白板中的“拉幕”工具出示第一条假设——居民家庭月均收入。让学生判断A、B、C、D四个市区谁的消费水平更高，以及这一因素对消费水平的影响。点击“隐藏”按钮，出示结论。使用“拉幕”工具继续呈现第二条假设——上一年度全市GDP增速。让学生结合两条假设判断哪个市区的消费水平更高，以及这一因素对消费水平的影响。点击“隐藏”按钮，出示结论。使用“拉幕”工具继续呈现第三条假设——社保情况。让学生综合三条假设继续判断谁的消费水平更高，以及这一因素对消费水平的影响。点击“隐藏”按钮，出示结论。使用白板中的“拉幕”工具继续呈现第四条假设——收入差距情况。让学生综合判断哪个市区消费水平更高，以及这一因素对消费水平的影响。点击“隐藏”按钮，出示结论，形成板书。引导学生思考影响消费水平的其他因素，并提问，“生活中哪些情形表明消费心理影响消费水平？物价如何影响消费水平”，形成板书。

学生活动： 根据教师给出的条件判断四个市区消费水平的高低，并说明理由。分析各项因素具体是如何影响消费水平高低的，在分析的过程中总结影响消费水平的因素，深刻地认识到经济发展水平是影响消费水平的根本因素。思考其他影响消费水平的因素，如人们的消费心理、物价水平等。

技术应用： 使用白板中的“拉幕”工具，分层次逐一呈现四个假设条件；使用白板中的“隐藏与显示”功能，出示结论。

教学反思： 该环节是本节课的重点之一，可以用表格形式呈现知识点，并使用白板中的“拉幕”工具，逐步呈现知识点，减少其他文本信息的干扰，让学生一步步得出结论，在给学生新鲜感的同时，落实教学目标。

教学小提示： 知识点的逐一呈现要结合教学重难点展开，表格设置要简洁，教师引导和学生主体相结合，灵活应用。

6. 结合实际，理论升华

环节目标： 正确认识当前社会主要矛盾的变化。

教师活动： 使用白板中的“聚光灯”工具，放大对当前社会主要矛盾变化的最新表述。引导学生回顾、探讨新旧矛盾变化的主要因素。向学生解释社会主要矛盾的变化意味着什么。

学生活动： 在探究社会主要矛盾变化的过程中，进一步感悟当前经济社会发展取得的成果，并对社会主要矛盾做进一步的思考。

技术应用： 使用白板中的“聚光灯”工具，突出社会主要矛盾的变化。

教学反思：结合实际，将视线转向我国当前社会主要矛盾的变化，将课堂中所学的理论知识同现实情况相结合，为下一环节作铺垫。

7. 对策探究，逐一突破

环节目标：提出提高消费水平的方法。

教师活动：在白板上展示之前归纳的影响消费水平的不同因素，并向学生提问——如何提高消费水平，改善生活品质？

学生活动：思考并给出建议。

技术应用：使用白板中的“隐藏与显示”功能，逐一展示与影响因素相对应的每一条具体对策。

教学反思：根据之前总结的影响消费水平的因素，逐一提出对策，循序渐进地思考，实现了技能教学和知识内化的有机结合，有助于提高学生的知识迁移能力和解决实际问题的能力。

教学小提示：该环节既让学生学有所用，又提醒学生关注现实，将所学知识与生活实际相结合，落实核心素养。

8. 归纳巩固，总结全课

环节目标：总结本课所学知识。

教师活动：请学生结合本课所学知识，给自己布置一份课堂作业。另外，布置一份课后探究作业——请根据你家的收入状况和家庭成员的需求，制订一份寒假消费计划，包括消费金额、消费项目和影响你制订该计划的原因。

学生活动：总结本课所学知识。调查我的家庭和其他家庭的收入支出情况，更好地运用消费知识解决现实问题。

技术应用：使用白板中的“隐藏与显示”功能，展示知识点。

教学反思：该环节为本节课的总结环节，使用“隐藏与显示”功能，总结本课所学知识点，引导学生结合课堂所学自主布置作业，对实现教学目标、发挥学生的主体性大有帮助。

六、教学技术应用及融合

教学流程	教学环节	技术应用
导入新课	揭示课题	隐藏与显示
课堂活动	自主归类，初步认识	隐藏与显示、拖动副本
	问题导思，突破难点	图层、隐藏与显示、笔
	拓展延伸，强化认知	隐藏与显示
	条件假设，掌握重点	拉幕、隐藏与显示
	结合实际，理论升华	聚光灯
	对策探究，逐一突破	隐藏与显示
知识巩固	归纳巩固，总结全课	隐藏与显示

自由落体运动

一、基本信息

学科：物理

课程名：自由落体运动

课程章节：必修 1 第二单元第 5 课

年级：高一

教材版本：人教版

授课教师：伍青松

二、教学目标

1. 知识与技能

（1）掌握自由落体运动的定义和自由落体加速度的概念。

（2）了解自由落体运动的规律。

2. 过程与方法

通过分组进行实验研究，掌握逻辑推理和归因分析方法。

3. 情感、态度与价值观

学会在实验探索中进行研究性学习，增强合作意识。

三、教学重难点及突破措施

1. 教学重点

教学重点为自由落体运动的性质及规律。为突破这一教学重点，教师使用白板中的“资源库”功能，调取“苹果落地”“水滴下落”“蹦极”等视频资源，从生活入手，让学生在真实的案例中分析问题，体会到物理来源于生活。并通过现场实验，让学生自主探究自由落体运动的性质和规律。

2. 教学难点

教学难点为建立“不同物体下落快慢相同” 的观点。为突破这一教学难点，教师围绕“轻重不同的物体下落快慢探究”这条主线，综合利用白板的多种功能，引导学生层层深入，探究物理规律。

四、学情分析

在学习本节课之前，学生已经学习了“匀变速直线运动的研究”的前4节内容，因而能够比较熟练地运用匀变速直线运动规律。但受思维定式的影响，学生对“影响物体下落快慢的因素”有根深蒂固的感性认识，对于教学难点的突破有一定的阻碍。

本节课从学生熟悉的小实验入手，得出自相矛盾的结论，从而产生思维冲突，然后利用白板的多种功能进行教学，通过分组实验等教学方法，突破教学重难点，达成教学目标。

五、教学过程

1. 创设情境

环节目标：激发探究兴趣。

教师活动：通过视频展示小球、雨滴、苹果、树叶自由下落的画面，得出结论——重快轻慢。提出问题，“这个结论可靠吗”。

学生活动：观看视频，了解自由落体运动。

技术应用：使用白板的“资源库”和“插入媒体”功能，播放视频。

2. 问题探究

环节目标：探究影响轻重不同的物体下落速度的因素。

教师活动：先设问，结合动画，与学生从两个角度共同进行假设、推理、判断，得出自相矛盾的结论，引发学生对自己的直觉产生怀疑。

学生活动：开展探究实验，动手释放两张质量相同的纸片，得出结论——两张纸轻重一样，下落时却有快有慢。

技术应用：使用白板中的“容器”功能，对结果进行分类。

3. 间接实验，联想外推

环节目标：探究轻重不同的物体的下落速度。

教师活动 1： 演示轻重不同的钢球和玻璃球在倾角相同的斜面上同时滚下的实验，加大倾角，再做一次实验。

学生活动 1： 观察实验，并得出结论——轻重不同的物体下落时“同快同慢”。

教师活动 2： 启发学生思考——在倾角增至 90° 时，会发生什么？

学生活动 2： 依据可靠事实进行合理的推理。

技术应用： 使用白板中的“旋转”功能，逐步增加轨道的角度；使用白板中的“显露器”工具，对结果进行逐层显示。

4．直接实验，得出结论

环节目标： 验证只在重力作用下的轻重不同的物体下落速度是否相同。

教师活动 1： 演示实验——在真空玻璃管中观察铜片与羽毛的下落速度。

学生活动 1： 通过观察得出结论——不同物体只在重力作用下下落速度相同。

教师活动 2： 向真空玻璃管中加入空气，再做一次实验，观察实验现象，并启发学生思考原因。

学生活动 2： 观察实验，得出结论——空气阻力导致轻重不同的物体下落速度不同。

5. 自由落体运动的定义

环节目标： 了解对自由落体运动的科学研究历史，归纳自由落体运动的定义和条件。

教师活动： 介绍伽利略的思想试验，和学生一起归纳自由落体运动的定义和条件。

学生活动： 和教师一起归纳自由落体运动的定义和条件。

技术应用： 使用白板中的“书写”功能，书写自由落体运动的定义、条件；使用白板“资源库”中的史料和图片，结合“转轴”功能介绍伽利略的思想试验，渗透科学方法。

6. 自由落体运动的性质

环节目标： 探究自由落体运动的规律。

教师活动： 介绍用打点计时器及频闪照相动画研究自由落体运动的方法。

学生活动： 分析、处理数据，自主探究自由落体运动的性质及规律。

技术应用：使用白板中的“卷轴”“书写”“隐藏与显示”功能，同时利用“资源库”中的打点计时器和频闪照相动画功能，进行图片展示。

教学反思：这节课使用白板中的多种功能，让学生在交流时，又“说”又“动”，通过对所选图片的拖动，将讨论结果“动态”呈现，在圈注、拖动时解说原因，从而更好地实现生生互动、师生互动，加深学生印象。

六、教学技术应用及融合

教学流程	教学环节	技术应用
导入新课	创设情境	资源库、插入媒体
课堂活动	问题探究	容器
	间接实验，联想外推	旋转、显露器
	直接实验，得出结论	无
	自由落体运动的定义	书写、转轴、资源库
拓展延伸	自由落体运动的性质	卷轴、书写、隐藏与显示、资源库

渔父

一、基本信息

学科：语文

课程名：渔父

课程章节：第三专题——生存的选择

年级：高二

教材版本：苏教版

授课教师：李园园

二、教学目标

1. 知识与技能

积累重点文言词语和句式，并能灵活运用。

2. 过程与方法

通过分析屈原和渔父在乱世中的艰难抉择，理解两人不同的处世态度。

3. 情感、态度与价值观

思考人生重大抉择，养成对人生负责的态度。

三、教学重难点及突破措施

1. 教学重点

教学重点为理解屈原和渔父不同的处世态度。为突破这一教学重点，教师使用白板中的“容器”等功能，让学生在选择中树立积极的人生观。

2. 教学难点

教学难点为让学生在思考人生重大抉择的基础上，养成对人生负责的态度。为突破这一教学难点，教师通过播放视频，让学生直观感受屈原的崇高精神品格。并使用白板中的“透视镜”工具，直观展示屈原的伟大形象。

四、学情分析

高二的学生具备一定的审美能力，初步形成了自己的人生观和价值观。但思维还不够清晰，判断能力也有待加强。因此，教师要转变角色，变知识的传授者为学生学习的引导者、参与者和合作者。为了培养学生学习的自主性，教师可以使用白板中的多种功能进行教学，并结合多种教学方法，突破教学重难点，达成教学目标。

五、教学过程

1. 创设情境

环节目标：创设情境，引发思考。

教师活动：展示对联——泽畔行吟，五月孤忠沉夜月；离骚寿世，三闾遗恨泣秋风。提问——这副对联描写的主人公是谁？

学生活动：学生根据提示词猜测对联描写的主人公。了解主人公的相关信息，丰富对主人公的认识。

技术应用：使用白板中的“拉幕”工具（见图 1），激发学生的兴趣；使用白板中的“显露器”工具，强化对联中主人公的形象；使用白板中的“资源库”功能，让学生了解主人公的生平。

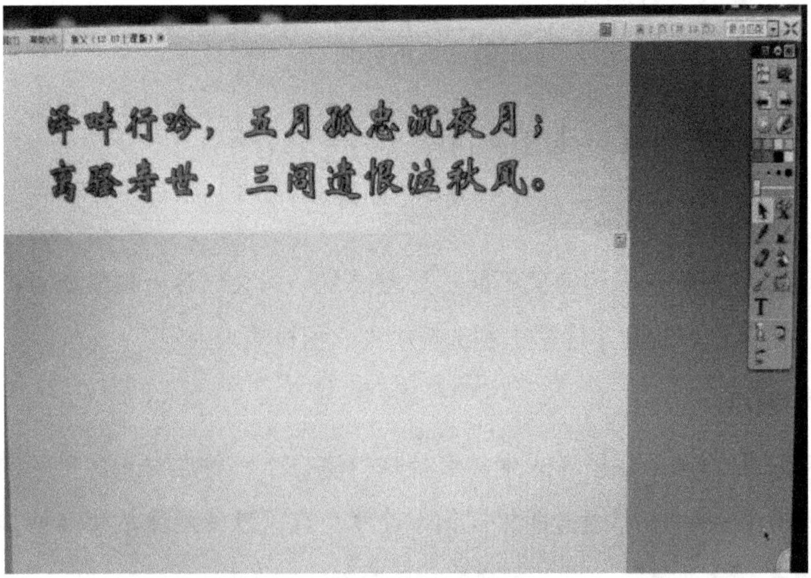

图 1

教学反思：部分学生对人物形象非常熟悉，部分学生比较陌生，可以请熟悉的学生多谈一谈，以学生带动学生，体现学生的主体性，让课堂更开放。

2. 夯实基础，理解文本

环节目标：把握朗读节奏，夯实文言文基础知识。

教师活动：请学生进行配乐朗读，纠正学生的发音。展示重要字词与重要句式，并与学生互动讲解。

学生活动：根据配乐集体朗读，感受朗读文言文的节奏和乐律。运用已经学过的文言文基础知识，举一反三，进一步掌握本节课学到的重点词语和句式，并学会区分和运用。

技术应用：使用白板中的“插入媒体”功能，导入多媒体配乐朗读视频；使用白板中的“隐藏与显示”功能，让学生掌握重点文言文字词的意义（见图 2）；使用白板中的“容器”功能，让学生学会区分文言文重点句式。

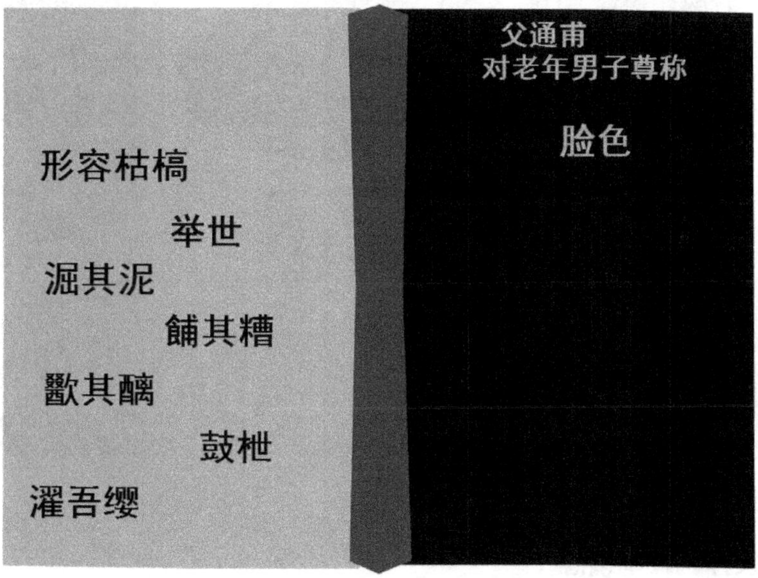

图 2

教学反思：配乐视频很好地吸引了学生的注意力，配乐朗读让学生有课堂参与感，在良好的互动氛围中理解并掌握相对枯燥的文言文基础知识。

教学小提示：“隐藏与显示”功能和“容器”功能都需要精细的操作，需要对白板页面进行总体布局和规划。

3. 合作探究，展开对话

环节目标：出现另一重要人物——渔父。

教师活动：组织学生讨论文中屈原的形象，和屈原年轻时的形象进行比较，并讨论产生这种变化的原因。组织学生讨论屈原在行吟泽畔前的人生选择，并引导学生对另一个重要人物——渔父，进行分析。

学生活动：感受屈原形象的变化，思考变化的原因。和同学、教师一起探讨屈原的人生抉择，深入屈原的内心。认识并分析渔父这位超然遁世的隐者。

技术应用：使用白板中的“拉幕”工具，达到图文结合的效果；使用白板中的“透视镜”工具（见图 3），让学生感受人物形象的发展变化。

教学反思：这一环节对屈原和渔父的形象进行了多个层面的分析，让学生不仅仅停留在人物的表面，而是走进人物的内心。

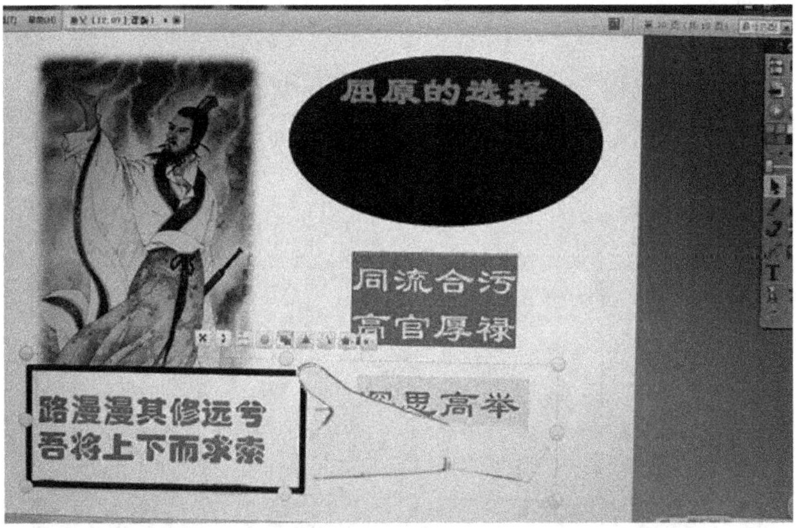

图 3

4. 讨论抉择，升华情感

环节目标：思考人生重大抉择，养成对人生负责的态度。

教师活动：组织辩论赛，让学生进行深入探究，体会屈原之死的意义所在，从而理解屈原的死是以死明志，是想以死亡做最决绝的抗争。引导学生联系生活实际，思考该如何面对人生的逆境。

学生活动：参加辩论赛，探究屈原之死的意义所在。联系生活实际，思考该如何面对人生中的逆境。

技术应用：使用白板中的“计时器”工具，创设辩论赛的氛围；运用图文结合的方式，让学生更加立体地了解屈原和渔父的形象特点。运用“超链接”功能，引入余光中的诗歌和莎翁经典作品，开拓学生的视野。

教学反思：此环节既是教学的重点，也是难点，因为有前面环节的铺垫，这里比较顺利地引出了思考和总结，但对学生的德育教育可能还有待完善，大多数学生能够理解屈原，但对他的做法持保留态度，其实这是正常的，也是可以理解的。教师可以在课后布置相关作业，让学生思考如何面对人生逆境。若时间充裕，可再读一遍课文，感受屈原的伟大精神和高尚人格。

六、教学技术应用及融合

教学流程	教学环节	技术应用
导入新课	创设情境	拉幕、显露器、资源库
课堂活动	夯实基础，理解文本	隐藏与显示、容器、插入媒体
	合作探究，展开对话	透视镜、拉幕
拓展延伸	讨论抉择，升华情感	计时器、超链接

标点符号之冒号的使用

一、基本信息

学科：语文

课程名：标点符号之冒号的使用

课程章节：第二单元第 2 课

年级：高二

教材版本：苏教版

授课教师：阮曲波

二、教学目标

1. 知识与技能

（1）了解冒号的作用。

（2）能够准确使用冒号。

2. 过程与方法

通过实践活动，学会赏析经典文本。

3. 情感、态度与价值观

从“文”与“符”的和谐搭配中感悟情感的真挚，提升感知与应用能力。

三、教学重难点及突破措施

1. 教学重点

教学重点为正确识记与使用标点符号（以冒号为主）。为突破这一教学重点，教师借助技术创设情境，引导学生在品读经典文本中了解标点符号的使用技巧，并充分运用白板中的多种功能，激发学生的探究兴趣。

2. 教学难点

教学难点为培养学生对标点符号的综合判断和感知能力。为突破这一教学难点，教师不断点拨“技法的功能”，悉心指导学生参与实践活动，引导学生积极进行自主分析，并有效借助白板中的“容器”“图层”等功能，结合课外影视与新闻实例，使课堂呈现生成性和开放性的特点。

四、学情分析

本节课是高考的考点，此考点的备考要求是正确使用标点符号。高二学生的文本阅读能力正处于由基础阶段向整合阶段迈进的关键时期。通过对大量实例的探讨，高二学生能很好地掌握标点符号的使用方法。教师要巧借白板的独特功能，培养学生学习的自主性和能动性，真正成为学生学习的引导者、参与者和合作者，促使学生达成学习目标。根据新课标中的指导思想和学生的学习特点，教师使用白板中的“隐藏与显示”“透视镜”“拉幕”“容器”“神奇墨水”等工具或功能，为学生营造了一个交流互动、边读边练的良好氛围，从而使学生更好地感悟文本。

五、教学过程

1. 课题导入，技法整合

环节目标：渲染学习气氛，调动学生的识记兴趣。

教师活动：引入考点概念，引导学生从多个层面展开对标点符号用法的探究。介绍标点符号的类型，指导学生重点学习冒号的概念及五种用法。推敲文本中的典型实例，启发学生思考，并引导他们进行互动。

学生活动：对冒号用法实例与课文实例进行分析，掌握冒号的具体用法。

技术应用：使用白板中的“透视镜”与“图层”功能，引发学生对本堂课核心问题的关注（见图 1）；使用白板中的“图层”与“前置”功能，直观地解读概念；使用白板中的“神奇墨水”“限制器”“拖衬”“笔”等工具，回顾所学知识（见图 2）。

教学反思：开始使用“透视镜”工具时，应将“透视镜”置于课题位置以外，以增加覆盖内容的神秘感。

教学小提示：在前期设置图层时，一定注意层与层之间要覆盖到位，不要露出其他文字，以免影响展示的效果；拖动课文实例时要注意水平或垂直方向上的一致性，以便清晰地显露文字内容。

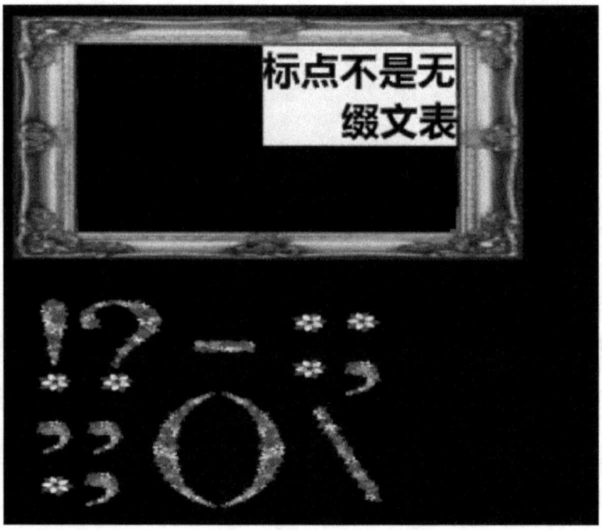

图 1

图 2

2. 类题指津，技法训练

环节目标：熟练掌握冒号的使用方法。

教师活动：呈现类题归纳，并引导学生进行纠错、判断，从而使学生透过考点技法深入到实战训练中。尤其要加强对易混淆的“引号与冒号”搭配使用的推敲和训练，促使学生主动探究冒号使用中的问题与解决方案。

学生活动：上台在白板上判断与修改各种错误，同时通过“容器”投票箱的答案选择功能加深对技法的印象，以批注形式提升综合应用的能力。

技术应用：使用白板中的“图层”“拖衬”“普米障眼法——魔法转换”“笔”等工具，激发学生的探究兴趣（见图 3）；使用白板中的“容器”功能，激发学生主动参与的热情；使用白板中的“标签”功能，加强训练的实效性；使用白板中的“拉幕”工具，加深学生的印象。

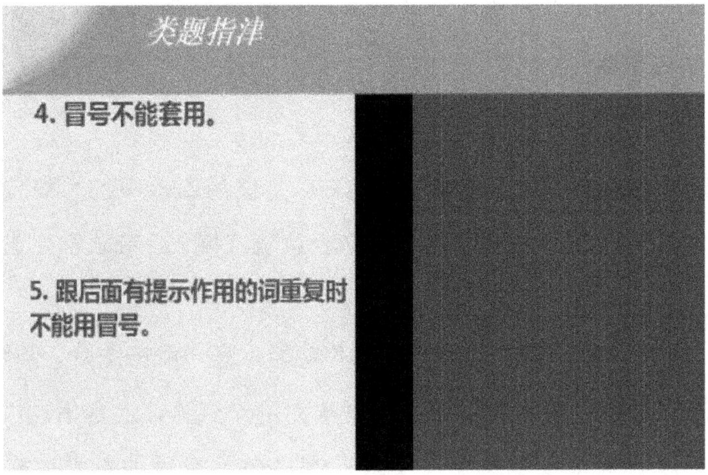

图 3

教学反思：本环节是这堂课的重点内容，从指导学生辨析标点符号的正确用法和错误用法，到高考考点实战训练，教师通过综合运用白板的多种功能，极大地增强了课堂训练的容量与强度。

教学小提示：在使用“容器”功能时，学生一旦出现错误选择，选项就无法拖动到位，这可以很好地调动学生的思维，使其快速调整答题方向。

3. 美文与经典文本的纠错与赏析

环节目标：熟练使用标点符号。

教师活动：呈现一篇待雕琢的美文，引导学生研究其中的“符号欠缺”问题，让学生主动参与、修改、完善。而后推出学生喜爱的流行剧本、经典文本与台词，让学生掌握冒号的具体用法。

学生活动：上台操作，使用“笔”工具，逐句进行修改、完善，并在“纸条”工具的提示下，做到“心有章法”。使用“隐藏与显示”功能，赏析经典的台词文本，更直观地感受标点符号的魅力。

技术应用：使用白板中的“纸条”“笔”工具，提升学生的参与感；使用白板中的“隐藏与显示”功能，加深学生的印象。

教学反思：“纸条”功能应在学生熟悉文字内容后再出示，通过滚动字幕达到提示效果。

教学小提示：“经典小说与台词”分享部分，先出示图片，让学生进行回顾，再呈现文句，进而指导学生关注其中文字与标点符号的搭配。

4. 课堂总结与提炼

环节目标：提升学生对标点符号的应用能力。

教师活动：引导学生再次回顾冒号的用法，并使用白板中的“图层”功能和“笔”工具呈现课题之意（标点不是无情物，缀文表意也成境）。带领学生进行综合实践训练——影视、文本、新闻用例赏析。

学生活动：使用白板中的“隐藏与显示”功能，逐一点击图片，回顾冒号的用法。通过真题夯实对标点符号用法的识记。多名学生合作交流，上台借助“渐变”功能，逐帧点击图片后，针对呈现的文字、文段，选择自己喜爱的影视、文本、新闻用例等进行补充赏析，提升实际运用能力。

技术应用：使用白板中的“隐藏与显示”“标签”“笔”工具，呈现答案；使用白板中的“渐变”“神奇墨水”工具，让学生真正体会“生活即语文”的含义。

教学反思：使用白板中的“隐藏与显示”与“标签”功能，可以更鲜活、生动地呈现题目分析过程。

六、教学技术应用及融合

教学流程	教学环节	技术应用
导入新课	课题导入，技法整合	透视镜、图层、前置、神奇墨水、限制器、拖衬、笔
课堂活动	类题指津，技法训练	图层、拖衬、容器、标签、笔、拉幕、普米障眼法——魔法转换
	美文与经典文本的纠错与赏析	纸条、笔、隐藏与显示
知识运用	课堂总结与提炼	隐藏与显示、标签、渐变、笔

枚举算法

一、基本信息

学科：信息技术

课程名：枚举算法

课程章节：第二单元第 1 课

年级：高二

教材版本：浙教版

授课教师：夏雯雯

二、教学目标

1. 知识与技能

（1）了解枚举算法的基本概念。

（2）掌握用枚举法设计程序的基本思路。

（3）掌握枚举法的思想。

2. 过程与方法

在学习的过程中，发现知识规律，并将其运用到解决实际问题的过程中。

3. 情感、态度与价值观

比较各种枚举方案的优劣，培养反思意识。

三、教学重难点及突破措施

1. 教学重点

（1）建立正确的数学模型，确定枚举方案。

（2）根据命题确定变量的取值范围。

（3）正确表达“符合条件”的判断。

2. 教学难点

（1）枚举思想的实现。

（2）利用 for 语句和 if 语句实现程序。

为突破教学重难点，教师通过“辨别碎鸡蛋”和“找钥匙”这两个生活实例，使用白板强大的交互功能，让学生亲身体验枚举算法，从而让学生了解算法的基本思想。通过“数 7 游戏”，让学生体会利用枚举算法解决实际问题的过程，进而让学生理解枚举算法，并能用简单的枚举算法编程，这是突破本节课教学重难点的关键。通过更高难度的古代“百鸡百钱”问题，让学生加深印象，并最终总结出解决问题的整个过程。本节课设计了三个实例，力求能够引发学生的学习兴趣，设计的问题不能太难，以免打击学生的学习积极性，因此，本节课将编程题设计成程序填空题，降低难度，同时也和考试的考查形式保持一致。

四、学情分析

本节课的授课对象为高二学生。经过前面算法概念和 VB 程序语句的学习，学生已经建立了用程序语言代替自然语言的思想。但是由于接触算法的时间并不长，他们还没有形成一个系统的算法体系，不会自觉地把生活中的问题转换成算法。这节课的理论知识比较枯燥，因此，需要用有趣的案例来引起学生的注意，激发他们的兴趣。平时都是在机房上课，学生很少接触其他上课环境，本节课在白板环境下教学，能够让学生更有新鲜感，进而提高课堂活力和课堂教学质量。

五、教学过程

1. 情境导入，互动游戏

环节目标：激发学生对本节课的兴趣。

教师活动：通过两个生活实例，引发学生思考（见图 1）。

实例 1——小朋友把装着鸡蛋的篮子打翻了，请问如何挑出碎鸡蛋呢（见图 2）？

实例 2——在下列钥匙中找出能够打开同一把锁的所有钥匙。

图 1

图 2

学生活动： 在“挑碎鸡蛋”的实例中，一名学生上台用白板中的“选择”工具把碎鸡蛋挑出来。在“找钥匙”的实例中，学生一边思考，一边观察教师在白板上的操作。

技术应用： 使用白板中的“选择”工具，把碎鸡蛋从篮子中挑出来；使用“容器”功能，将正确的钥匙放进锁里。

教学反思： 学生对白板的接触很少，并不知道白板有如此强大的功能，这极大地激发了学生的学习兴趣。

教学小提示： 为避免出现学生不会使用白板而影响课堂进度的情况，可以先由教师简单演示部分工具的使用方法，再让学生上台操作。

2. 讨论交流，理论初探

环节目标：理解枚举算法的概念。

教师活动：把“找钥匙”的实例化为一道程序题，让学生通过分析程序，得出枚举算法的概念。

学生活动：在教师的引导下，对程序进行分析，和教师一起归纳出枚举算法的概念。

技术应用：使用白板中的“透视镜”工具，可以遮盖部分画面，又能灵活显示教学内容。

教学反思：使用“透视镜”工具由浅入深、一步步地分析程序，能让学生更容易接受新的知识点，教学效果较好。

3. 重点例题，深入分析

环节目标：体验用枚举算法的思想解决问题的过程，熟悉并掌握整个流程。

教师活动：公布任务 1——数 7 游戏。

（1）从 1 开始数，每个学生数一个数，凡是遇到 7 的倍数就要喊“过”，数到 100 为止。请学生找出数字 1 ～ 100 中所有要喊“过”的数。

（2）分析“数 7”的过程。

（3）先一一列举（既不重复又不遗漏），再逐个检验（i 能否被 7 整除）。

（4）填写流程图。

（5）填写程序代码（见图 3）。

学生活动：填写完整的算法流程图，回顾循环语句及选择语句的内容。把程序中的空缺部分填写完整。

技术应用：使用白板中的“透视镜”工具，揭示问题，明确本节课的重点；使用“聚光灯”工具，把流程图中最主要的程序展示出来；使用白板笔，让学生进行程序填空，若填错可以用“橡皮擦”擦除；使用“百宝箱”功能，让学生对设计步骤进行排序，增加互动性和趣味性。

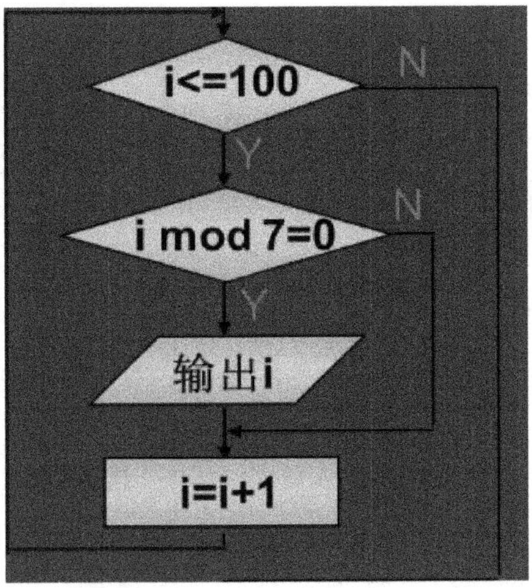

图 3

教学反思：该环节是本节课的重点之一，由于课堂互动较丰富，学生成了知识的主动接受者，能积极思考，主动参与到教学环节中，真正理解了枚举算法。

4. 拓展延伸，自主探究

环节目标：自主探究，解决问题。

教师活动：公布任务二——百鸡百钱。鸡翁一，值钱五；鸡母一，值钱三；鸡雏三，值钱一。百钱买百鸡，问翁、母、雏各几何？让学生先观看教学视频，然后通过思考解决问题。

学生活动：观看教学视频，思考问题的解决方法。

技术应用：使用白板中的“插入媒体”功能，播放视频。

教学反思：这一环节需要学生自主探究解决。在教学过程中，发现有的学生能够独立书写整个程序，有的学生能够对教师的程序进行修改，有的学生则只能采用填空的形式把几个关键语句填写出来，教师要对不同的学生实施有针对性的指导。

5. 课堂总结，巩固新知

环节目标：巩固本节课所学内容。

教师活动：总结本节课所学内容。

学生活动：知识总结与巩固。

教学反思：与传统授课方式相比，运用白板进行课堂教学，教师能与学生进行良好的互动。学生可以走上讲台，通过白板参与教学，而不再是以往枯燥的“教师讲，学生听”的模式。白板教学有利于提高学生的学习兴趣，可以克服传统课堂的弊端，让课堂变得更加丰富多彩。

六、教学技术应用及融合

教学流程	教学环节	技术应用
导入新课	情境导入，互动游戏	选择、容器
课堂活动	讨论交流，理论初探	透视镜
	重点例题，深入分析	透视镜、聚光灯、百宝箱、橡皮擦
	拓展延伸，自主探究	插入媒体
知识巩固	课堂总结，巩固新知	无

电磁感应问题中“模型”的应用

一、基本信息

学科：物理

课程名：电磁感应问题中“模型”的应用

课程章节：选修 3-2 第四单元

年级：高三

教材版本：人教版

授课教师：梁凤琴

二、教学目标

1. 知识与技能

（1）了解电磁感应问题中所涉及的电压、电势差、电动势及电流的计算方法。

（2）知道电磁感应问题中不同情境下导体所受安培力的表达式。

2. 过程与方法

通过自主探究活动，掌握电磁感应问题中所涉及的能量、动量的相关问题。

3. 情感、态度与价值观

感受物理在生活中的作用，增强对物理的学习兴趣，养成合作意识。

三、教学重难点及突破措施

1. 教学重点

教学重点为电磁感应问题中所涉及的电压、电势差、电动势及电流问题。为突破这一教学重点，教师合理使用白板中的多种功能，让学生充分了解电路模型变化过程中所涉及的情境，使学生能准确找出不同情境下两点间的电压、电势差及电动势，并运用知识点加以说明，从而了解不同情境下电压、电势差及电动势三者的差异。

2. 教学难点

教学难点为电磁感应问题中所涉及的能量、动量问题。为突破这一教学难点，教师围绕“能量、动量”这一主线展开教学，创设情境，使用白板中的多种功能，让学生了解导体棒运动中的最大速度是有条件限制的，并明确动能定理和动量定理的使用条件。使用白板中的“旋转”功能把水平轨道变换成倾斜轨道，以此为例，让学生再次体会能量、动量的应用，激发学生探索的欲望。

四、学情分析

本节课是在学习了“电磁感应”一章后对本章知识开展的专题复习。本节课所归纳的不同模型中所涉及的相同知识点的应用是高三学生需具备的能力。为了培养学生学习的自主性和能动性，教师使用白板中的多种功能进行教学，结合观察法、探究法等教学方法，突破教学重难点，达成教学目标。

五、教学过程

1. 创设情境

环节目标： 渲染课堂气氛，调动学生学习的积极性。

教师活动： 使用白板中的“显露器”工具和“容器”功能，出示电磁感应问题中的基本模型（见图 1），引导学生思考——这个模型涉及的常见问题有哪些？

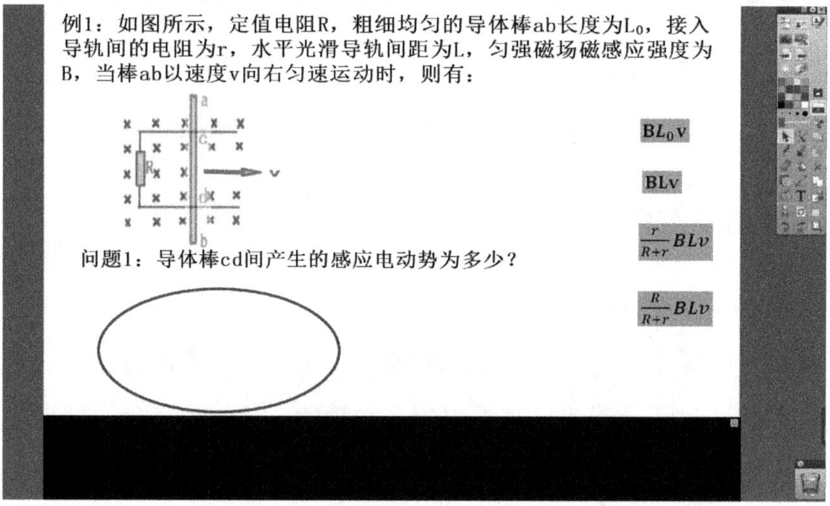

图 1

学生活动： 找到两点间电动势的正确信息，思考电压、电势差及电动势的差异和联系。

技术应用：使用白板中的“显露器”工具和“容器”功能，出示电磁感应问题中的基本模型。

教学反思：这一环节在激发学生学习兴趣的基础上，进一步引导学生思考电压、电势差及电动势的相关问题。

2. 探究电磁感应问题中的安培力

环节目标：探究不同模型中安培力表达式的区别。

教师活动：展示基本模型及基本模型下的安培力表达式，合理使用白板中的“神奇墨水”工具，让学生充分了解到，当磁场、导体框切割磁感线的方式及导体框的匝数发生变化时，导体框所受安培力的表达式都会有所不同。同时使用“聚光灯”工具，让学生能准确识别不同情境下的安培力表达式。

学生活动：知道当磁场、导体框切割磁感线的方式及导体框的匝数发生变化时，导体框所受安培力的表达式都会有所不同，准确识别不同情境下的安培力的表达式。

技术应用：使用白板中的“自由批注”功能，让学生自主探究，解决课堂生成问题；使用白板中的“神奇墨水”“聚光灯”工具展示基本模型，让学生了解基本模型下的导体棒所受安培力的表达式。

教学反思：在传统教学中，教师只能展示提前准备好的表达式，根据预设情况进行教学，课堂灵活性较差。在白板教学中，教师可根据教学需要，对模型和表达式实施拖动、书写、旋转等操作，摆脱束缚，突出课堂的“灵动性”。

3. 探究电磁感应问题中的能量、动量

环节目标：了解导体棒运动中最大速度的两种求解方法的差别，知道使用平衡法求解问题的前提条件是导轨足够长。

教师活动：创设情境，使用白板中的“书写”“拖曳”“隐藏与显示”功能，让学生了解导体棒运动中的最大速度是有条件限制的——导轨足够长，明确动能定理和动量定理的使用条件的差异；使用白板中的“旋转”功能把水平轨道变换成倾斜轨道，让学生再次体会能量、动量的应用。

学生活动：自主学习，分组应用不同的方法进行求解，得出答案。小组讨论，找出使用不同方法求解时产生不同结果的原因所在，并加以说明，随后请小组代表上台阐述小组观点，并适时将选择的方法拖至相应容器内，生生互评，加以完善、补充。

技术应用：使用白板中的“容器”“书写”“拖曳”“隐藏与显示”“旋转”功能，让学生体会能量、动量的应用。

教学反思：在以往的教学中，学生进行小组讨论后请学生代表发言交流、讨论结果，但是仅局限于“说”。这节课使用白板中的多种功能，让学生在交流时，又“说”又“动”，将讨论的结果“动态”呈现。这样的操作让上台展示的学生可以获得更直观的认知，亦能出现课堂生成问题，对其他学生而言，在视觉和听觉上都能进行感知，从而更好地补充、完善所学知识，生生互动，加深对知识的印象。

六、教学技术应用及融合

教学流程	教学环节	技术应用
导入新课	创设情境	显露器、容器
课堂活动	探究电磁感应问题中的安培力	神奇墨水、自由批注、聚光灯
	探究电磁感应问题中的能量、动量	容器、书写、拖曳、隐藏与显示、旋转

后 记

随着现代科学技术的飞速发展，现代化趋势正以我们很难预测的方式从各个方面影响着学校教育，未来已来，改变已经成为一种必然。“教育信息化十三五规划”和“教育信息化2.0行动计划”要求教师主动适应信息化、人工智能等新技术变革，全面促进信息技术与教育教学的融合。在贯彻落实这一政策的过程中，我们以现代学校建设为总纲，结合学校新一轮五年发展规划实施纲要，围绕创建“智慧南海”实施了系统、全面的软硬件并重、教与学协同、点面结合、课堂内外联动的专项行动。先后组建了三批现代信息技术应用能力提升行动小组，开展了基于课堂、应用驱动、注重创新融合的实践研究。三年来，现代信息技术的应用为这所十五年一贯制的学校带来了很多令人欣喜的变化：以课堂和课程为抓手，课程改革步伐不断加快；以数据驱动、专项研训为载体，教师专业发展呈现新形态；以线上线下交流互动、校内校外共同体建设为途径，开放办学的内涵进一步拓宽。学校在专业化思考与实践中形成了新积累，在现代化学校建设中向前迈进了一大步。

本书收录的教学课例，是学校最近几年在推进信息化教学改革中所取得的成果之一，部分反映了我们将现代信息技术应用于课堂教学中所做的一些努力。事实上，技术应用给学校和老师带来的远不止是课堂教学中的变化，还有学校管理的创新、校本研修形式的改变，乃至师生学习方式与途径的拓展，所有这些在这一过程中都给我们带来了更多的惊喜。

由于经验与能力所限，编撰与修改较为仓促，所录课例难免存在陋知浅见之处，蒙电子工业出版社编辑倾力指导，几易其稿终于成书，与过程相比，结果已并非特别重要，我们收获的已不仅仅是一本书，更多的是反思和展望。

成册在即，受新冠肺炎疫情影响，“停课不停学”期间，线上教学以一种补充模式站在了教学舞台的中心，以一种始料未及的方式走进了教师和学生的生活。基于几年来的积累，我校教师的技术应用能力和学生的信息化适应能力帮助他们很快进入状态，保证了特殊时期教育教学工作的有序开展，也客观上促进了信息技术在我校更广泛、更深入的应用与实践。

就在编撰本书的同时，全校各个学段已启动了新一轮技术应用提升行动，小学部在深入推进“智慧课堂”的同时，精心打造“学习共同体”；初中部作为“全国STEAM领航学校”，结合人工智能技术深入推进学科融合课程建设；旌旗山初中校区正实施基于大数据平台的个性化教育研究，学校也正依托信息技术优势，发挥优质教育资源的作用，与离岛薄弱学校结对子，共建共享，落实浙江省“互联网＋义务教育”民生工程。我们正持续推进信息技术与教育教学的深度融合，行走在做专业、强文化、育品牌的可持续发展道路上。

衷心感谢为本书编撰和出版付出努力的专家和老师们！

李亚玲

2020年3月